Privatrenten und Lebensversicherungen

So profitieren Sie richtig!

Zu den Autoren

Holger Balodis und Dagmar Hühne, beide Jahrgang 1960, leben in Köln. Sie haben zahlreiche Publikationen für die Verbraucherzentralen und die Stiftung Warentest verfasst und sind seit rund 25 Jahren als Fachjournalisten für die ARD (u.a. „plusminus“, „ARD-Ratgeber Recht“) tätig.

Legende

besonders sinnvoll	⊕ ⊕
sinnvoll	⊕
im Einzelfall sinnvoll	⊕ ⊖
wenig sinnvoll	⊖
überflüssig	⊖ ⊖

1. Auflage, Juni 2010, 8.000 Exemplare

ISBN 978-3-940580-47-4
Printed in Germany

Inhalt

Einleitung

Die perfekte Altersvorsorge: sicher und ertragreich

Dieses Buch sollten Sie lesen, wenn Sie wissen wollen,

- wie Sie das optimale Lebensversicherungsprodukt finden,
- wie Sie einen guten Anbieter erkennen,
- wie Sie aus einem schon bestehenden Vertrag noch mehr herausholen.

Die private Altersvorsorge sollte im Idealfall absolut sicher und gleichzeitig ertragreich sein. Nach dem zweiten Börsencrash innerhalb weniger Jahre zogen daher Millionen Anleger ihr Geld aus riskanteren Anlageformen wie Aktien und Fondsanlagen ab. Plötzlich gilt die Lebensversicherung wieder als sicherer Hafen, als Ankerplatz für zusätzliche Altersvorsorge.

Zu Recht, denn gute Versicherer verzinsen das Deckungskapital ihrer Kunden auch heute noch mit 4 bis 5 Prozent. Das ist gerade in zinsschwachen Zeiten durchaus beachtlich. Wenig bekannt sind bislang allerdings die enormen Leistungsunterschiede zwischen den Versicherungsunternehmen. Die Kennziffern in diesem Buch belegen: Gute Versicherer holen am Kapitalmarkt bis zu 50 Prozent mehr heraus als schlechte. Außerdem zeigt sich, dass einige Versicherer bis zu zehnmal höhere Abschluss- und Verwaltungskosten verursachen als andere.

Am Ende der Laufzeit führt das zu großen Unterschieden in der Ablaufleistung: Zehntausende Euro Differenz sind keine Seltenheit. Wir zeigen Ihnen, dass man die Qualität von Versicherungen messen kann. Wer dauerhaft bei relevanten Kennziffern gut abschneidet, kann seinen Kunden gute Ergebnisse liefern. Erstaunlich ist, dass fast nie die großen, bekannten Namen der Branche ganz vorn stehen. Mit anderen Worten: Wer viel Werbung macht und viel verkauft, muss keineswegs auch gut sein. Oft sind es gerade die kleinen Anbieter, die mit geringen Kosten und konstant guten Anlageerfolgen glänzen.

Wichtig ist auch die Wahl der passenden Lebensversicherungsvariante. Familien brauchen eine andere Absicherung als Singles, Arbeitnehmer haben andere Möglichkeiten als Selbstständige. Die Bewertungen kommen zu überraschenden Ergebnissen: Der Verkaufsschlager Privatrente wird vermutlich zum Renditekiller, wenn Sie sich tatsächlich für die Verrentung entscheiden. Der Klassiker Kapitallebensversicherung ist gar nicht so schlecht, wie viele dachten, und häufig sogar staatlich geförderten Varianten überlegen. Und: Nicht alle Angebote erfüllen das selbst gegebene Sicherheitsversprechen der Branche. So drohen dem Versicherungsnehmer beispielsweise bei fondsgebundenen Renten- oder Lebensversicherungen hohe Verluste.

Wir benennen die Vor- und Nachteile jedes Lebensversicherungsprodukts und sagen klar, was wirklich wichtig ist und was für wen taugt. Aber auch wenn Sie schon einen Vertrag haben, profitieren Sie von handfesten Tipps – zum Beispiel wie Sie bei Zahlungsschwierigkeiten reagieren sollten, wie Sie die Rendite eines laufenden Vertrags aufpolieren können und wie Sie Ihre Kundenrechte dem Versicherer gegenüber durchsetzen.

Darüber hinaus erläutern wir Ihnen systematisch und verständlich die steuerlichen Auswirkungen der unterschiedlichen Lebensversicherungsprodukte. Einige erstaunliche Erkenntnisse: Trotz des höheren Steuersatzes kann die Kapitalabfindung einer Rente durchaus sinnvoll sein. Steuerlich geförderte Produkte sind keineswegs immer besser als nicht geförderte. Und die betriebliche Altersversorgung ist besonders attraktiv für Durchschnittsverdiener.

Sie sehen: Es lohnt sich, genau hinzuschauen, bevor man sich für ein Produkt entscheidet. Wir erleichtern Ihnen die Auswahl und weisen den Weg zum geeigneten Anbieter.

Privatrenten und Lebensversicherungen: Was taugt für wen?

Risikolebensversicherung: Rettung in der Not!

Die Risikolebensversicherung ist eine sehr wichtige Versicherung: Das versicherte Risiko ist Ihr vorzeitiger Tod und die Versicherung garantiert für diesen Fall die vereinbarte Versicherungssumme. Sie versichern damit also Ihren Ehe- oder Lebenspartner bzw. Ihre Familie gegen das finanzielle Risiko Ihres frühzeitigen Todes. Entscheidend ist das zum Beispiel bei der Absicherung einer Immobilienfinanzierung. Im Todesfall wird mit der Versicherungssumme der Kredit getilgt, sodass der überlebende Partner Haus oder Wohnung nicht verkaufen muss. Eine besondere Bedeutung hat die Risikolebensversicherung für Selbstständige und Freiberufler. Deren Hinterbliebene haben häufig nichts aus der gesetzlichen Rentenkasse zu erwarten oder die vorhandenen Ansprüche reichen nicht.

Erstaunlich, dass nur 6,6 Millionen eigenständige Risikopolicen existieren – mit einer durchschnittlichen Versicherungssumme von rund 70.000 Euro. Eine ausreichende Absicherung für die Hinterbliebenen ist das nicht. Zwar gibt es auch in der Kapitallebensversicherung einen Todesfallschutz. Aber dort ist das Sicherungsniveau noch niedriger: durchschnittlich 20.000 Euro. Nach Abzug der Beerdigungskosten bleibt da nicht viel. Für eine ausreichende Hinterbliebenenabsicherung ist die Risikolebensversicherung besser geeignet und vor allem deutlich preiswerter. Allerdings: Die meisten Versicherer lassen den Risikoschutz links liegen. Nur einige Direktversicherer bieten offensiv Risikolebensversicherungen an (siehe Seite 12).

So funktioniert die Risikolebensversicherung

Die Risikolebensversicherung zahlt nur, wenn das versicherte Risiko, also Ihr Tod, eintritt. Bleiben Sie bis zum Ende der Versicherungslaufzeit am Leben, bekommen Sie nichts. Es handelt sich also um eine reine Risikoversicherung, ähnlich wie die Haftpflichtversicherung, die auch nur dann zahlt, wenn ein Schaden auftritt.

Günstig ist eine Risikopolice, wenn Sie sie bereits in jungen Jahren abschließen, gesund sind und keine sehr lange Laufzeit vereinbaren. Dabei gilt: Männer zahlen stets mehr als Frauen, weil Männer statistisch gesehen früher sterben und somit ein höheres Risiko darstellen. Das Gleiche gilt für Versicherte mit sehr schweren Vorerkrankungen. Je höher das Risiko eines vorzeitigen Todes, desto höher ist auch die Versicherungsprämie. Viele Versicherer bieten Raucher- und Nichtrauchertarife. Da das Rauchen ein Risiko darstellt, sind Rauchertarife teurer.

Fallstrick

Auf riskante Fallstricke im Versicherungsantrag weist der Hamburger Versicherungsberater Rüdiger Falken hin: „Beispielsweise fragen einige sehr preiswerte Versicherer, ob Sie das Risiko des Motorradfahrens mitversichern wollen. Nun werden Sie sagen: ‚Ich hab' doch schon ewig keine Maschine mehr!' und machen im Antrag kein Kreuz. Das kann böse ins Auge gehen. Falls Sie nämlich später doch wieder Spaß am Motorradfahren bekommen und den Vertrag nicht ändern, müssen Sie bei einem Motorradunfall mit Todesfolge erhebliche Probleme befürchten."

Im Vergleich zu anderen Lebensversicherungsprodukten ist eine Risikolebensversicherung relativ preiswert.

So viel kostet der Schutz

Bei gleicher Leistung sind die Preisunterschiede ganz erstaunlich. Teure Versicherer sind dreimal so teuer wie günstige. Eine 30-jährige Frau beispielsweise bekommt einen Versicherungsschutz von 100.000 Euro bereits für deutlich unter 100 Euro Jahresprämie. Männer zahlen im Schnitt 50 Prozent mehr (siehe Tabelle unten „Riesige Preisunterschiede“). Raucher zahlen bei den meisten Versicherern rund 100 Prozent mehr. Mit (allerdings geringeren) Zuschlägen müssen Sie rechnen, wenn Sie einen Risikoberuf ausüben, wie beispielsweise Dachdecker. Oder wenn Sie gefährlichen Hobbys nachgehen, wie Drachenfliegen oder Tauchen. Manche Gesellschaften verlangen auch bei Übergewicht oder hohem Blutdruck mehr. Wichtig: Bleiben Sie bei diesen Angaben unbedingt ehrlich, sonst riskieren Sie später Ihren Versicherungsschutz.

Riesige Preisunterschiede

Risikolebensversicherung Frau

Vorgaben: Eintrittsalter 30 Jahre, Nichtraucherin, kaufmännische Angestellte im Innendienst (100 Prozent kaufmännisch tätig), Versicherungsdauer 30 Jahre, Versicherungsbeginn 1.4.2010, Versicherungsschutz 100.000 Euro, monatliche Zahlweise, Überschussverwendung Sofortverrechnung

Gesellschaft	Tarifbezeichnung	monatlicher Maximalbeitrag in Euro	monatlicher Zahlbeitrag in Euro
Günstige Anbieter			
ERGO Direkt	M6	16,30	6,00
Ontos	TGNO09	16,80	6,60
CosmosDirekt	CR	18,60	6,70
Teure Anbieter			
Öffentl. Berlin	RU	19,50	18,60
HanseMerkur	T7M	27,20	20,40
LV 1871	R1	37,50	22,50

Sortierung nach monatlichem Zahlbeitrag; gerundet auf 10 Cent
(Quelle: MORGEN & MORGEN GmbH; LV-WIN 7.53; Stand April 2010; ID L10034/L10035)

Risikolebensversicherung Mann

Vorgaben: Eintrittsalter 30 Jahre, Nichtraucher, kaufmännischer Angestellter im Innendienst (100 Prozent kaufmännisch tätig), Versicherungsdauer 30 Jahre, Versicherungsbeginn 1.4.2010, Versicherungsschutz 100.000 Euro, monatliche Zahlweise, Überschussverwendung Sofortverrechnung

Gesellschaft	Tarifbezeichnung	**monatlicher Maximalbeitrag** in Euro	**monatlicher Zahlbeitrag** in Euro
Günstige Anbieter			
ERGO Direkt	M6	23,30	8,60
Ontos	TGNO09	24,00	9,60
WGV	R1	21,00	10,10
Teure Anbieter			
Öfftl. Braunschweig	RU	53,00	31,90
LV 1871	R1	55,50	33,30
Alte Leipziger	Ri10	44,10	35,20

Sortierung nach monatlichem Zahlbeitrag; gerundet auf 10 Cent
(Quelle: MORGEN & MORGEN GmbH; LV-WIN 7.53; Stand April 2010; ID L10032/L10033)

Die richtige Versicherungssumme

Die Höhe der Versicherungssumme hängt von der voraussichtlichen Versorgungslücke ab, die auftritt, wenn die versicherte Person stirbt. Stellen Sie alle Einkünfte der überlebenden Familienangehörigen den Ausgaben gegenüber! Ergibt diese Rechnung zum Beispiel eine Lücke von monatlich 1.000 Euro, empfehlen Experten, dies mit dem Faktor 300 zu multiplizieren: 300.000 Euro wäre demnach die optimale Versicherungssumme, die den Hinterbliebenen in diesem Fall den Lebensstandard sichert.

Dahinter steckt folgende Überlegung: Wird diese Summe zu 4 Prozent angelegt, bringt sie monatlich genau die erforderlichen 1.000 Euro, ohne die Versicherungssumme anzuknabbern. Selbst ohne Verzinsung reicht die Summe für 25 Jahre.

Die Laufzeit

Klären Sie, wie lange Sie den Versicherungsschutz dringend brauchen. Denn je länger die Versicherung läuft, umso höher ist die Versicherungsprämie. Ein sinnvoller Versicherungsschutz sollte für Familien mindestens bis zum 25. Geburtstag des jüngsten Kindes reichen. Allerdings: Jenseits des Endalters 60 werden Risikolebensversicherungen deutlich teurer.

Prüfen Sie also kritisch, ab wann Ihre finanziellen Belastungen vermutlich stark abnehmen werden. Ist dies mit hoher Wahrscheinlichkeit schon ab dem 50. oder 55. Lebensjahr der Fall, können Sie die Laufzeit verkürzen und von günstigen Prämien profitieren. Ohnehin hat die Vertragslaufzeit Grenzen: Die meisten Versicherer lassen nur eine Vertragslaufzeit von maximal 45 Jahren zu und haben ein Höchstalter festgelegt, meistens 75 Jahre.

Desinteresse bei den Großen?

Das Geschäft mit der Risikolebensversicherung scheint die Riesen der Versicherungswirtschaft nicht zu interessieren. Die Rangliste der laufenden Beitragseinnahmen wird angeführt von drei Direktversicherern: Cosmos Direkt, Europa und Hannoversche Leben. Die Top-Five der deutschen Lebensversicherer (Allianz, AachenMünchener, R+V, Zurich Deutscher Herold, Generali) halten sich hingegen vornehm zurück. Alle fünf zusammen schaffen noch nicht mal das Beitragsvolumen von Marktführer CosmosDirekt. Der Verdacht liegt nahe: Die Vertriebstruppen der Branchenriesen lassen diese sehr wichtige Versicherungsart im eigenen Hause schlicht verkümmern.

Ein oder zwei Verträge?

Gibt es einen eindeutigen Haupternährer in der Familie, sollte dieser auch die versicherte Person sein, bei deren Tod die Versicherungssumme fließt. In diesem Fall reicht also ein Vertrag. Leisten beide Ehe- oder Lebenspartner erhebliche finanzielle Beiträge zum Familienunterhalt, sind zwei Verträge sinnvoll. Die Versicherungssumme sollte dann abhängig vom jeweiligen Einkommen unterschiedlich hoch ausfallen.

Ein Sonderfall ist der Vertrag „auf verbundene Leben“. Infrage kommt er, wenn beide Partner finanziell gleich leistungsfähig sind. Hierbei wird nur ein Vertrag gemacht, aber beide Partner sind versichert – die Versicherung zahlt allerdings nur einmal nach dem Tod des zuerst Verstorbenen. Die Police ist etwas günstiger als zwei Einzelverträge.

Tipp: Erbschaftsteuer bedenken

Wichtig für Unverheiratete: Hohe Erbschaftsteuerzahlungen drohen auf die Auszahlung einer Risikolebensversicherung (siehe Kapitel „Steuern und Abgaben“, ab Seite 106). Um das zu verhindern gibt es einen einfachen Trick: Trennen Sie im Vertrag Versicherungsnehmer und versicherte Person. Wollen Sie zum Beispiel Ihre Partnerin absichern, so muss diese selbst als Versicherungsnehmerin den Vertrag abschließen und auch die Prämien zahlen. Als versicherte Person werden hingegen Sie eingetragen. Wenn Sie sterben sollten, wird die Versicherungssumme steuerfrei an Ihre Partnerin ausgezahlt. Sollen beide abgesichert werden, schließt jeder einen Vertrag und trägt als versicherte Person jeweils den Partner ein.

Zahlen Sie nur den Nettobeitrag

Wählen Sie als Überschussverwendung die Sofortverrechnung. Dann werden Ihnen die Überschüsse direkt bei der Beitragszahlung gutgeschrieben. Sie zahlen also nur den günstigeren Nettobeitrag. Allerdings gilt auch: Der Beitrag kann steigen, wenn die Versicherung weniger Gewinne macht – im Extremfall bis zum Bruttobeitrag, den Sie also bei der Wahl der Versicherung im Auge behalten sollten.

Die Alternative zur Sofortverrechnung wäre der Todesfallbonus. In diesem Fall bleibt der Beitrag konstant hoch und die Überschüsse steigern später die Auszahlungssumme. Sie zahlen also deutlich mehr und profitieren von den Überschüssen nur, wenn der Versicherungsfall eintritt.

Fallende Versicherungssumme

Deutlich günstiger als ein Vertrag mit konstanter Versicherungssumme ist ein Vertrag mit fallender Versicherungssumme. Das heißt: Je später die versicherte Person stirbt, desto weniger erhält der Hinterbliebene. Das ist insbesondere dann sinnvoll, wenn die Versicherung der Absicherung einer Immobilienfinanzierung dient. Bei hoher Kreditlast am Anfang ist die Versicherungssumme hoch. Mit der schrittweisen Abtragung des Darlehens sinkt auch die Versicherungssumme.

Wann zahlt die Versicherung?

Sie müssen den Tod der versicherten Person der Versicherung unverzüglich melden. Anschließend müssen Sie die Sterbeurkunde sowie ein ärztliches Zeugnis über die Todesursache einreichen. Normalerweise wird die Versicherungssumme dann problemlos ausgezahlt. Dabei gibt es zwei wichtige Ausnahmen: Kann die Versicherung nachweisen, dass bei Vertragsschluss bewusst falsche Angaben zum Gesundheitszustand gemacht wurden, kann sie die Zahlung verweigern. Wer also bei Vertragsschluss eine ihm bekannte schwere Krankheit verschweigt, riskiert, dass seine Hinterbliebenen kein Geld bekommen (§ 19 VVG). Viele Gesellschaften haben Sonderregeln bei Selbsttötung. In der Regel ist bei einem Suizid in den ersten drei Jahren nach Vertragsschluss die Zahlung der Versicherungssumme ausgeschlossen.

Wer bekommt das Geld?

Die Versicherungssumme wird an den im Vertrag genannten Bezugsberechtigten ausgezahlt. In vielen Fällen ist dies der Ehepartner. Probleme können nach einer Trennung auftreten. Wenn ein Versicherungsnehmer zum Beispiel einen neuen Partner begünstigen möchte, erhält dieser die Versicherungssumme nur, wenn er im Vertrag als neuer Bezugsberechtiger eingetragen wurde.

Die Festlegung im Testament reicht nicht (siehe Kasten „Das Geld kriegt die Ex“, Seite 22).

So gehen Sie vor:

- Klären Sie für sich die angestrebte Versicherungssumme und Laufzeit! Suchen Sie sich die preiswertesten Direktversicherungen (siehe Tabelle „Riesige Preisunterschiede“, Seite 10). Da sich die Versicherungsbedingungen kaum unterscheiden, können Sie die Risikolebensversicherung bedenkenlos nach dem Preis auswählen.
- Lediglich wenn Sie krank sind und/oder andere riskante Merkmale aufweisen, müssen Sie umfangreichere Vergleiche anstellen, da diese Risiken von den Versicherungen unterschiedlich bewertet werden.
- Legen Sie mit Sorgfalt fest: Wer ist Versicherungsnehmer? Wer ist versicherte Person? Wer ist Bezugsberechtigter? Das können drei verschiedene Personen sein. Liegt die Bezugsberechtigung beim Versicherungsnehmer, fällt im Todesfall keine Steuer an. Die Bezugsberechtigung kann bei einem laufenden Vertrag jederzeit geändert werden.
- Achten Sie auf eine Nachversicherungsgarantie. So können Sie später die Versicherungssumme problemlos erhöhen, falls sich Ihre Lebensumstände ändern.

Vermeiden Sie teure Extras wie eine Unfalltod-Zusatzversicherung, die die Todesfallsumme bei Unfalltod verdoppelt. Wenn Sie eine höhere Versicherungssumme wünschen, dann sollte diese generell und nicht nur bei einem Unfall gelten.

Für wen taugt die Risikolebensversicherung?

Single*	Paar	Familie mit	
		Kind	Kreditverpflichtungen
−	+	++	++

* Für Singles mit Kreditverpflichtungen, die im Todesfall ihre Erben hiermit nicht belasten wollen, ist ein Versicherungsschutz sinnvoll.

Kapitallebensversicherung: der Klassiker!

Wer Lebensversicherung sagt, meint damit in der Regel eine Kapitallebensversicherung. Rund 47 Millionen solcher Verträge existieren in Deutschland. Jeder Zweite im Alter zwischen 25 und 64 hat mindestens eine Kapitallebensversicherung, mancher sogar gleich mehrere. Dieser „Urtyp" einer Lebensversicherung verbindet den Hinterbliebenenschutz, wie ihn eine Risikolebensversicherung bietet, mit einem sehr lange laufenden Sparvertrag. Für abhängig Beschäftigte ist die Kapitallebensversicherung meist eine zusätzliche private Vorsorge, für Freiberufler und Selbstständige nicht selten sogar der Eckpfeiler der Altersvorsorge. Und es fließt richtig viel Geld: 41,8 Milliarden Euro wurden 2008 ausgezahlt. Seit einigen Jahren ist diese klassische Form der Altersvorsorge aber auf dem Rückmarsch. Bei Neuabschlüssen dominiert jetzt die private Rentenversicherung (auch „Privatrente" genannt).

So funktioniert eine Kapitallebensversicherung

Sie zahlen regelmäßig einen festgelegten Geldbetrag. Die Versicherung legt das Geld nach Abzug der Kosten und der Risikoprämie überwiegend in Wertpapieren oder Immobilien an. Dem Kunden schreibt sie ein jährlich wachsendes Deckungskapital gut und verzinst dieses. Es gibt mindestens den bei Vertragsschluss vereinbarten Rechnungszins (derzeit 2,25 Prozent), normalerweise jedoch deutlich mehr. Im Jahr 2010 sind es laut Branchendienst map-report durchschnittlich 4,20 Prozent. Ausgezahlt wird die Versicherungssumme, wenn die im Vertrag benannte versicherte Person stirbt. Erlebt die versicherte Person das vereinbarte Laufzeitende, wird die garantierte Versicherungssumme plus eine variable Überschussbeteiligung fällig.

Schlechtes Image

Trotz der großen Verbreitung hat die Kapitallebensversicherung in den Medien und bei Verbraucherschützern ein schlechtes Image: Kritisiert wird die Intransparenz bei der Aufteilung der Prämie und bei der Zuteilung der Überschussbeteiligung. Hauptkritikpunkt ist aber die kundenunfreundliche Kostenverrechnung, die bei einem vorzeitigen Ausstieg den Kunden enorme Verluste bringt. Spätestens mit dem Fall des Steuerprivilegs zum 1.1.2005 (für Neuverträge!) wurde für den Klassiker das Totenglöckchen geläutet. Die Assekuranz reagierte geschickt auf die berechtigte Kritik: Sie setzt seit einigen Jahren verstärkt auf Angebote für private Rentenversicherungen. Die Nachteile der Kapitallebensversicherung gelten für diese jedoch genauso. Dazu kommt: Der Kunde bindet sich noch weitaus länger an sein Versicherungsunternehmen und riskiert sogar noch in der Rentenbezugszeit Kürzungen (siehe dazu Kapitel „Private Rentenversicherung“, ab Seite 25). Es kann also durchaus sinnvoll sein, sich mit dem Abschluss einer Kapitallebensversicherung zu befassen. Allerdings nur, wenn man bereit ist, sich auf einen sehr lange laufenden Vertrag einzulassen.

Die Kapitallebensversicherung ist ein bequemes und sicheres Produkt, das – wenn man einen soliden Versicherer wählt – auch noch eine durchaus brauchbare Rendite abwirft. Die steuerliche Behandlung hat sich bei Neuverträgen zwar verschlechtert, ist aber unter bestimmten Voraussetzungen noch immer privilegiert (siehe Kapitel „Steuern und Abgaben“, ab Seite 106).

Dies gilt aber nur, wenn man den Vertrag bis zum Ende durchhält. Das schafft jedoch allenfalls die Hälfte der Kunden. Wann immer dringend Geld gebraucht wird, wird die Lebensversicherung gekündigt. Die Kündigung entpuppt sich jedoch für viele als bitteres Verlustgeschäft. Weil die sogenannten Rückkaufswerte in den Anfangsjahren noch niedrig sind, kommt bei einer Kündigung oft weniger heraus, als in den Vertrag eingezahlt wurde. Die Verbraucherzentrale Hamburg schätzt, dass den Verbrauchern durch gekündigte Lebensversicherungsverträge derzeit jährlich über 3 Milliarden Euro verloren gehen.

Bringen Sie sich also nicht selbst in Gefahr, einen zu teuren Versicherungsvertrag irgendwann nicht mehr bezahlen zu können! Legen Sie die Prämienhöhe realistisch fest, meiden Sie teure Vertragszusätze und wählen Sie eine kostengünstige Versicherung!

Sind Sie ein Lebensversicherungstyp?

Sind Sie bereit, sich für einen sehr langen Zeitraum zu binden und in dieser Zeit regelmäßig Geld zu sparen? Wenn dies Ihrer Mentalität entspricht und Sie außerdem einen Partner oder eine Familie absichern wollen, kommt die Kapitallebensversicherung für Sie infrage. Wenn Sie niemanden absichern müssen, aber langfristig sparen wollen, wäre möglicherweise eine private Rentenversicherung sinnvoller, denn diese enthält normalerweise keine Hinterbliebenenabsicherung.

Wollen Sie zwar sparen, sind aber nicht sicher, ob Sie das wirklich langfristig schaffen, so sollten Sie die Finger sowohl von Privatrente als auch Kapitallebensversicherung lassen. Dann wäre vermutlich ein Banksparplan oder ein regelmäßiger Ankauf von Wertpapieren wie Bundesschatzbriefen sinnvoller. Hier können Sie die Einzahlungen jederzeit stoppen und über Ihr Kapital problemlos verfügen.

Wer sich für die Kapitallebensversicherung entscheidet, profitiert bei der Auszahlung von Steuervorteilen und erzielt bei einer guten Versicherung auch eine brauchbare Rendite. Sehr gute Gesellschaften prognostizieren bei Neuabschlüssen derzeit Beitragsrenditen um die 4,5 Prozent. In der Vergangenheit war angesichts von Hochzinsphasen deutlich mehr drin.

So gehen Sie vor

Die **Laufzeit** der Versicherung sollte mindestens 12 Jahre betragen und die Kapitalauszahlung frühestens ab dem 60. Lebensjahr erfolgen. Dann müssen Sie nur die Hälfte des Ertrags (Auszahlungssumme abzüglich der eingezahlten Beiträge) versteuern. Endet die Versicherung vor dem 60. Lebensjahr, ist im Auszahlungsjahr die volle Steuer auf den Ertrag fällig. Außerdem gilt: Je länger eine Versicherung läuft, desto größer ist am Ende das angesammelte Kapital. Erstens sparen Sie länger und zweitens zündet der Zinseszinseffekt erst bei sehr langen Laufzeiten richtig.

Achten Sie auf eine **Prämienhöhe,** die Sie sich auch wirklich leisten können! Vereinbaren Sie deshalb keine zu hohe Versicherungssumme. Wenn Sie einen höheren Todesfallschutz (= Versicherungssumme) wollen, sollten Sie eine zusätzliche Risikolebensversicherung abschließen. Deren Prämie beträgt bei gleich hoher Versicherungssumme oft nur ein Zehntel verglichen mit der Kapitallebensversicherung. Nutzen Sie alle Möglichkeiten der Vertragsoptimierung: Das steigert bei gleichem Beitrag die Ablaufleistung (siehe Kapitel „Das können Sie tun, wenn sich die Police kaum rentiert“, ab Seite 105).

Wählen Sie ein Versicherungsunternehmen nicht, weil es groß ist oder viel Werbung macht, sondern orientieren Sie sich allein an Fakten. Unter anderem: Wie kostengünstig wirtschaftet die Versicherung? Wie viel Zinsen schreibt sie ihren Kunden gut? Was zahlt sie aktuell aus? Relevante Kennziffern hierzu gibt es im Kapitel „So finden Sie einen guten Lebensversicherer“, ab Seite 148.

Bleibt die Frage: Mit welcher Gesamtsumme können Sie später rechnen? Offen gesagt, dies weiß bei Vertragsschluss niemand. Wahrscheinlich ist es aber nicht die Summe, die die Versicherung Ihnen heute verspricht. Die Prognose oder Modellrechnung besteht nämlich zu einem hohen Maß aus Überschussanteilen (auch „Gewinnbeteiligung“ genannt), von denen heute niemand weiß, ob sie Ihnen in Zukunft tatsächlich gutgeschrieben werden. Ganz sicher ist Ihnen (im Todesfall: dem Bezugsberechtigten) beim Ablauf nur die garantierte Versicherungssumme. Ihre Höhe sollte ein Hauptkriterium bei der Wahl des Versicherers sein.

Grundsätzlich besteht jede Prämie einer Kapitallebensversicherung aus drei Teilen:

1. Sparanteil (geschätzt 70 bis 85 Prozent)
2. Abschluss- und Verwaltungskosten (geschätzt 10 bis 20 Prozent)
3. Risikoanteil (geschätzt 5 bis 10 Prozent)

Je höher der Sparanteil, desto besser für Sie. Die genaue Aufteilung der Prämie legen die Versicherer zwar nicht offen, doch gibt ein Vergleich der Versicherungssummen Hinweise. Alle Versicherer arbeiten bei der Berechnung der garantierten Versicherungssumme mit dem identischen Rechnungszins (derzeit 2,25 Prozent). Bei gleich hoher Prämie gilt deshalb: Ist die Versicherungssumme niedrig, sind die kalkulierten Anteile für Risikoabsicherung und Kosten hoch, der Sparanteil folglich klein. Ist die Versicherungssumme hoch, so ist der Sparanteil vermutlich groß.

Das sogenannte Deckungskapital der Kunden wird im Jahr 2010 durchschnittlich mit 4,20 Prozent verzinst. Das Deckungskapital entspricht etwa dem garantierten Rückkaufswert, den der Versicherer in seiner jährlichen Standmitteilung auflistet. Die darin enthaltenen Überschussanteile sind Ihnen sicher. Wenn also ein Topversicherer in den letzten Jahren Verzinsungen von 5 oder mehr Prozent gutgeschrieben hat, darf er Ihnen das nicht nachträglich wieder wegnehmen. Kontrollieren Sie deshalb die jährliche Standmitteilung!

> **! Achtung!**
>
> Eine hohe Versicherungssumme ist noch keine Gewähr, dass am Ende tatsächlich mehr ausgezahlt wird. Denn die Ablaufleistung wird wesentlich von der Überschussbeteiligung bestimmt. Nur wer dauerhaft gute Kapitalmarktzinsen erzielt und seine Kosten auch in der Realität niedrig hält, kann seinen Versicherten viel gutschreiben (siehe Kapitel „So finden Sie einen guten Lebensversicherer“, ab Seite 148).

Alle künftigen Überschussbeteiligungen ebenso wie der Schlussgewinn und eine mögliche Beteiligung an den Bewertungsreserven sind hingegen ungewiss.

Große Unterschiede bei der Rendite

Viele Kunden unterschätzen die gewaltigen Renditeunterschiede und verzichten damit auf viel Geld. So rechnet der aktuell zinsstärkste Versicherer (Europa) bei einem Jahresbeitrag von 1.200 Euro nach 30 Jahren mit einer Ablaufleistung von rund 82.000 Euro. Schwache Anbieter wie Inter, Victoria oder Nürnberger prognostizieren weniger als 60.000 Euro, eine Differenz von rund 22.000 Euro!

Kapitallebensversicherung in Zahlen

Bestand an Kapitallebensversicherungen	47,2 Millionen Verträge (Stand 31.12.2008)
Durchschnittliche Versicherungssumme	21.352 Euro
Ausgezahlte Versicherungsleistungen (ohne vorzeitige Rückkäufe)	41,8 Milliarden Euro
Marktführer (nach laufenden Beitragseinnahmen 2008)	Allianz, Debeka, Generali (früher Volksfürsorge), R+V, Hamburg-Mannheimer (jetzt ERGO)
Aktuell höchste Zinsdeklaration (2010)	Europa 4,80 %, TARGO (früher CiV)4,80 %, Volkswohl Bund 4,75 %, Debeka 4,60 %, Stuttgarter 4,60 %, Die Continentale 4,60 %

(Quelle: GDV/map-report)

Erstaunlich, dass die zinsstärksten Anbieter nur einen sehr geringen Marktanteil schaffen. Offenbar gelingt es den großen Versicherern immer noch, ihre durchschnittlichen Ergebnisse hinter nebulösen Wohlfühl-Werbekampagnen zu verstecken.

Wer ist die versicherte Person?

Genau wie bei der Risikolebensversicherung ist der Versicherungsnehmer nicht zwingend auch die versicherte Person. Sie können bei einer Kapitallebensversicherung zum Beispiel Ihren Lebens- oder Geschäftspartner als versicherte Person einsetzen. Falls dieser stirbt, erhalten Sie die Todesfallleistung – steuerfrei. Insbesondere unverheiratete Paare sollten diese Möglichkeit nutzen. Andernfalls verdient im Todesfall der Finanzminister kräftig mit, denn die Freibeträge für Nichtverwandte sind bei der Erbschaftsteuer – und die kommt hier zum Tragen – nur minimal (siehe dazu Kapitel „Steuern und Abgaben“, ab Seite 106).

Wichtig ist auch die richtige Wahl der bezugsberechtigten Person. Der Versicherungsnehmer kann diese Person auch später durch Erklärung noch ändern. Sonst gilt, was in der Police festgelegt wurde, auch wenn es dem Willen des Versicherungsnehmers widerspricht.

„Das Geld kriegt die Ex“

Die Witwe staunte nicht schlecht, als sich die Lebensversicherung ihres verstorbenen Mannes weigerte, die Todesfallsumme von 119.000 Euro auszuzahlen. Das Problem: In dem bereits rund 25 Jahre zuvor abgeschlossenen Vertrag war seine damalige, mittlerweile längst geschiedene Frau als Bezugsberechtigte eingetragen. Zwar wurde seine neue Ehefrau im Testament als Erbin benannt, doch die alte Lebensversicherungspolice blieb unverändert. Ein tragisches Versäumnis. Die Witwe klagte gegen die Versicherung, ohne Erfolg. Das Landgericht München I entschied zugunsten der Exfrau. Wer im Versicherungsvertrag eingetragen ist, bekommt die Todesfallsumme, egal was im Testament steht (Az. 25 O 15565/03).

Wenn die Kapitallebensversicherung ausgezahlt wird

Schon bevor Ihr Vertrag fällig wird, wird Ihr Versicherer Ihnen ein Angebot für eine sogenannte Sofortrente unterbreiten. Die Ablaufsumme bleibt in diesem Fall beim Versicherer und wird als lebenslange Rente ausgezahlt.

Seien Sie damit extrem vorsichtig. Haben Sie noch einen Altvertrag, der steuerfrei ausgezahlt wird, sollten Sie diesen Trumpf nicht leichtfertig aus der Hand geben. Wenn Sie sich die Ablaufsumme auszahlen lassen, können Sie frei darüber verfügen. Lassen Sie die Summe hingegen verrenten, kommen Sie nur „häppchenweise" an Ihr Geld und sind lebenslang an Ihre Versicherung gebunden. Wenn Sie nicht alt wie Methusalem werden, machen Sie eventuell unterm Strich sogar Verlust.

Aber selbst wenn Sie sich für eine Verrentung entscheiden, sollten Sie keinesfalls automatisch bei Ihrer alten Gesellschaft abschließen. Es wäre schierer Zufall, wenn gerade diese Versicherung die besten Konditionen bieten würde. Lassen Sie sich zunächst die Ablaufleistung auszahlen. Ob, wie viel und bei wem Sie diese verrenten lassen wollen, können Sie später immer noch entscheiden.

Fazit: Wer Angehörige absichern will und einer Kapitalauszahlung den Vorzug vor einer Rente gibt, für den ist die Kapitallebensversicherung auch weiter ein brauchbares Instrument.

! Achtung!

Bei Verträgen, die nach 2005 abgeschlossen wurden, sind die Erträge bei Auszahlung steuerpflichtig. Auch wenn Sie die Kapitalauszahlung verrenten lassen, wird die Steuer fällig.

Tief enttäuscht

Seine Altersversorgung hatte er sich anders vorgestellt. Bernd T. hatte als Chef eines Grafikbetriebs 24 Jahre lang in eine Lebensversicherung bei der Signal Iduna eingezahlt. Insgesamt waren es rund 106.000 Euro an Beiträgen. Heraus kam am Ende die Summe von 154.179 Euro. Das entspricht einer Verzinsung seiner Beiträge von 3,63 Prozent. Dabei hatte man ihm früher ganz andere Renditen versprochen: „Da war die Rede von 7 Prozent und mehr. Nun bin ich natürlich tief enttäuscht." Hat ihn die Versicherung etwa übers Ohr gehauen?

Keineswegs, wie die Versicherungsaufsicht dem Kunden nach Prüfung des Falls mitteilte. Zwar sahen die Ablaufprognosen einige Jahre vor der Auszahlung für Bernd T. noch deutlich besser aus. Doch sinkende Kapitalmarktzinsen und weniger Risikogewinne ließen den Schlussgewinnanteil schmelzen. Das kann passieren. Was Bernd T. aber vor allem die Rendite verhagelte, sind die vielen Zusatzversicherungen in seinem Vertrag: Er hatte nicht nur eine Kapitallebensversicherung abgeschlossen, sondern daran gekoppelt noch eine Unfalltod-Zusatzversicherung und eine Berufsunfähigkeitsversicherung. Das alles kostete extra Prämien und fehlte für den Sparvorgang.

In Zahlen: Von seinen Gesamtbeiträgen in Höhe von rund 106.000 Euro flossen lediglich knapp 69.000 Euro in den Sparanteil, also nur 65,2 Prozent. In seinem Fall ging also mehr als ein Drittel der Beiträge für Risikoprämien und Kosten drauf.

Der reine Sparanteil hingegen hat sich nach Angaben der Signal Iduna mit 7,4 Prozent verzinst – und damit hätte die Versicherung ihre Versprechungen sogar gehalten. Kunden müssen bei Vertragsschluss wissen: Alle Zusatzversicherungen kosten Rendite und haben in einem Vertrag, mit dem die Altersversorgung gesichert werden soll, nichts zu suchen.

Für wen taugt die Kapitallebensversicherung*?

Single	Paar	Familie
−	+ −	+

* ohne fondsgebundene Produkte

Private Rentenversicherung: lebenslang am Haken!

Seit ein paar Jahren ist die Privatrente der Liebling aller Versicherungsvermittler. Das hat mehrere Gründe: Je mehr die gesetzliche Rentenversicherung an Vertrauen einbüßt und der Staat die Notwendigkeit einer zusätzlichen Altersvorsorge herausstellt, desto mehr erscheint die private Rente als Wundermittel für einen gesicherten Lebensabend. Und die Verkaufsmaschine der Versicherungen läuft wie geschmiert: Knapp 3 Millionen neue Rentenverträge werden jährlich verkauft. Längst hat die Privatrente im Neugeschäft die Kapitallebensversicherung abgehängt.

Kein Wunder: Jahrelang mäkelten Medien und Verbraucherschützer an der klassischen Lebensversicherung herum. Intransparent sei sie, die viel zu lange Kapitalbindung wurde kritisiert und dann die hohen Verluste bei einer Kündigung! Die Assekuranz nutzte diese Steilvorlage und drückte das von Kritik noch unbelastete Produkt „Privatrente“ in den Markt. Unterstützt wurde sie dabei von der Bundesregierung. Die setzte mit erheblichen Steuervorteilen ein deutliches Signal zugunsten der privaten Rentenversicherung. Das Ergebnis: Innerhalb weniger Jahre kletterte die Zahl der Rentenpolicen auf über 25 Millionen Stück.

Das ist gut für die Versicherungen, aber eher schlecht für die Kunden: Mit einer Privatrente binden sie sich noch viel länger an ihre Versicherung als mit einer Kapitallebensversicherung – üblicherweise bis zum Tod! Die Versicherung kann viel länger über das angesammelte Kapital verfügen. Anders ausgedrückt: Wenn Sie als Kunde nicht rechtzeitig von Ihrem Kapitalwahlrecht Gebrauch machen, hängen Sie lebenslang am Haken der Versicherung. Versüßt wird Ihnen das durch Steuervorteile. Die Privatrente bleibt in der Einzahlphase steuerfrei und wird dann nach der günstigen Ertragsanteilmethode besteuert (siehe Kapitel „Steuern und Abgaben", ab Seite 106).

So funktioniert die private Rente

Die Privatrente funktioniert ganz anders als die gesetzliche Rente. Während die staatliche Rente von den laufenden Beitragszahlungen und aus Steuermitteln gespeist wird (Umlage), wird für die Privatrente tatsächlich ein Kapitalstock angespart. Der Kunde zahlt eine monatliche oder jährliche Prämie bis zum vereinbarten Ablauftermin, üblicherweise dem geplanten Ende seines Berufslebens. Das ist die Anspar- oder Aufschubphase. Dann beginnt die Auszahl- oder Verrentungsphase – bis zum Tod. Im Versicherungsdeutsch nennt man dieses Produkt „aufgeschobene Leibrente".

Wie bei der Kapitallebensversicherung fließt der Beitrag für die Privatrente in einen Sparanteil, einen Kostenanteil und einen Risikoanteil. Die genaue Aufteilung müssen die Gesellschaften leider nicht offenlegen. Vermutlich liegt der Sparanteil bei der Rente etwas höher als bei der Kapitallebensversicherung. Dort sorgt nämlich der gewährte Todesfallschutz für einen höheren Risikoanteil. Es sollte also in einem Rentenvertrag bei gleicher Einzahlung etwas mehr angespart werden als in einer Kapitallebensversicherung.

Das nützt Ihnen aber vermutlich nur dann etwas, wenn Sie am Ende der Ansparphase Ihr Kapitalwahlrecht nutzen und sich das zur Verrentung angesparte Vermögen auf einen Schlag auszahlen lassen („Kapitalabfindung"). Dann hätten Sie sich die im Vergleich zur Kapitallebensversicherung vermutlich geringfügig höhere Rendite gesichert und behalten dennoch die volle Souveränität über Ihr Vermögen. Doch aufgepasst: Die Zeitspanne zur Ausübung des Kapitalwahlrechts ist kurz.

! Achtung!

Die neuen staatlich geförderten Privatrenten (Riester-Rente und Rürup-Rente) bieten kein volles Kapitalwahlrecht. Lediglich Riester-Verträge erlauben eine 30-prozentige Kapitalauszahlung zum Rentenbeginn.

Den Termin nicht verpassen

Wollen Sie zum Ablauf die Kapitalauszahlung statt der Rente, so müssen Sie das beantragen. Wann genau, steht in den Versicherungsbedingungen. In der Regel kann der Antrag bis zu drei Monate vor Ablauf gestellt werden, frühestens aber ein Jahr vorher. Es gibt sogar Anbieter, bei denen das Kapitalwahlrecht drei Jahre vor Ablauf ausgeübt werden muss. Verpassen Sie diesen Termin, kommen Sie nie wieder an Ihr gesamtes Vermögen und müssen es sich häppchenweise als Rente zuteilen lassen – mit allen Konsequenzen.

Garantie- und Überschussrente

Ihr Sparanteil wird garantiert jährlich mit dem bei Vertragsschluss geltenden Rechnungszins (2010: 2,25 Prozent) verzinst. Daraus ergibt sich die **Garantierente** bzw. die garantierte Kapitalauszahlung.

Dazu kommt noch eine **Überschussbeteiligung.** Dadurch erhöht sich die jährliche Gesamtverzinsung (des Sparanteils!) bei sehr guten Versicherern derzeit auf fast 5 Prozent. Im Branchendurchschnitt sind es 2010 laut Branchendienst map-report 4,19 Prozent für aufgeschobene Rentenversicherungen. Viele große Versicherer liegen aber deutlich unter 4 Prozent: beispielsweise HDI-Gerling, Victoria (jetzt ERGO), Württembergische und Zurich Deutscher Herold.

Durch die zugeteilten Überschüsse erhöht sich schrittweise Ihre Garantierente bzw. die garantierte Kapitalauszahlung. Diese kann nicht mehr gekürzt werden. Falls Sie sich für die Verrentung entscheiden, kann die Versicherung mit dem Großteil Ihres Kapitals weiterarbeiten und es fallen weitere Überschüsse an. Spätestens zu Rentenbeginn müssen Sie sich entscheiden, wie Sie an diesen Überschüssen beteiligt werden wollen (siehe „Das leisten die Versicherer“, ab Seite 88). Von dieser Entscheidung hängt ab, ob Ihre Rente in der Rentenbezugszeit zusammengestrichen werden darf.

Wie viel Rente gibt es später?

Frau
Aufgeschobene Rente gegen laufenden Beitrag

Vorgaben: Eintrittsalter 30 Jahre, Laufzeit 37 Jahre, Versicherungsbeginn 1.4.2010, monatlicher Beitrag 100 Euro, volldynamische Rente, Rentengarantiezeit 10 Jahre, Beitragsrückgewähr in der Aufschubzeit

Gesellschaft	Tarif	Rente in Euro		Abfindung in Euro		Ablaufrendite
		garantierte	mögliche im 1. Jahr	garantierte *	mögliche **	mögliche*** in Prozent
Starke Anbieter (5 Sterne im M&M LV- Unternehmensrating)						
CosmosDirekt	R1	230	439	63.340	120.900	4,8
Asstel	RMA112PN	226	396	62.690	107.700	4,3
Europa	E-R1	224	434	61.960	119.800	4,8
Debeka	A1	223	414	61.350	114.100	4,6
Allianz	R2	214	378	58.460	103.000	4,1
Volkswohl Bund	SR T	212	399	58.310	109.900	4,4
R+V	L	209	367	57.450	98.500	3,9
Schwache Anbieter (1 Stern im M&M LV- Unternehmensrating)						
Münchener Verein	670	208	308	57.090	84.500	3,2
Delta Lloyd	ARZ	204	254	56.490	70.400	2,4
Inter	E03N	203	300	57.510	85.400	3,3
Victoria (ERGO)	SingleRente	200	326	55.120	89.900	3,5
VPV	A8 R	200	292	54.920	80.300	3,0

Sortierung nach der garantierten Rente
* auf 10 Euro gerundet
** auf 100 Euro gerundet
*** bezogen auf mögliche Abfindungssumme
(Quelle: MORGEN & MORGEN GmbH; Stand LV-WIN 7.53; April 2010; ID L10028/L10029)

Wie viel Rente gibt es später?

Mann
Aufgeschobene Rente gegen laufenden Beitrag

Vorgaben: Eintrittsalter 30 Jahre, Laufzeit 37 Jahre, Versicherungsbeginn 1.4.2010, monatlicher Beitrag 100 Euro, volldynamische Rente, Rentengarantiezeit 10 Jahre, Beitragsrückgewähr in der Aufschubzeit

Gesellschaft	Tarif	Rente in Euro		Abfindung in Euro		Ablaufrendite
		garantierte	mögliche im 1. Jahr	garantierte *	mögliche **	mögliche*** in Prozent
Starke Anbieter (5 Sterne im M&M LV- Unternehmensrating)						
CosmosDirekt	R1	250	476	63.550	121.100	4,9
Asstel	RMA112PN	245	433	62.900	109.100	4,4
Europa	E-R1	243	471	61.980	120.300	4,8
Debeka	A1	241	450	61.440	114.500	4,6
Allianz	R2	232	410	58.590	103.500	4,2
Volkswohl Bund	SR T	229	433	58.340	110.300	4,4
R+V	L	226	398	57.570	98.900	3,9
Schwache Anbieter (1 Stern im M&M LV- Unternehmensrating)						
Münchener Verein	670	226	334	57.190	84.600	3,2
Delta Lloyd	ARZ	221	275	56.520	70.400	2,4
Inter	E03N	220	326	57.570	85.600	3,3
Victoria (ERGO)	SingleRente	217	353	55.180	89.900	3,5
VPV	A8 R	216	316	55.020	80.400	3,0

Sortierung nach der garantierten Rente
* auf 10 Euro gerundet
** auf 100 Euro gerundet
*** bezogen auf mögliche Abfindungssumme
(Quelle: MORGEN & MORGEN GmbH; Stand LV-WIN 7.53; April 2010; ID L10026/L10027)

Private Rente in Zahlen

Gesamtbestand Privatrenten (inkl. Riester- und Rürup-Renten)	25,6 Millionen Verträge (Stand 31.12.2008)
Durchschnittliche Höhe der Garantierenten	143 Euro monatlich
Marktführer (nach laufenden Beitragseinnahmen 2008)	Allianz, R+V, Debeka, Hamburg-Mannheimer (jetzt ERGO), Generali (früher Volksfürsorge)
Hohe laufende Verzinsung 2010 (für aufgeschobene Renten)	Europa 4,80%,TARGO (früher CiV)4,80%, Volkswohl Bund 4,75%, Fortis 4,70%, Die Continentale 4,60%

(Quelle: GDV/map-report/Assekurata-Studie zur Überschussbeteiligung 2010)

Schlechte Rendite oder unfaire Wette auf ein langes Leben

Und nun zu einem bei Rentenversicherungen hartnäckig verdrängten Thema: der Rendite. Sie ist erschreckend niedrig. Der Berliner Versicherungsmathematiker Axel Kleinlein errechnete für klassische Rentenversicherungen eine garantierte Rendite von durchschnittlich nur 1 Prozent! Die besten Anbieter boten mit 1,27 Prozent (Mann) und 1,39 Prozent (Frau) nur wenig mehr Rendite. Auch das gilt nur, wenn der Versicherte 85 bis 90 Jahre alt wird. Wer lediglich 80 Jahre alt wird, macht ein Verlustgeschäft. Auch wenn die tatsächlich gezahlten Renten inklusive Überschussbeteiligung etwas höher ausfallen sollten, bleibt die Rendite sehr mager.

Null Zinsen im Alter

Wenn ein 30-jähriger Mann heute eine Privatrente abschließt und monatlich 100 Euro einzahlt, hat er mit 67 Jahren inklusive Zinsen ein Garantiekapital von rund 60.000 Euro angesammelt. Gute Anbieter garantieren ihm dafür eine lebenslange Rente von monatlich 250 Euro. Ein schlechtes Geschäft, wie folgende Überlegung zeigt: Erst im Alter von 87, nach 20 Jahren Rentenzahlungen (20 x 3.000 Euro jährlich) hätte er genau jenes Kapital wieder raus, das ihm eigentlich schon mit 67 zur Verfügung stand: 60.000 Euro.

Das Problem der Privatrente ist die ungewisse Länge der Laufzeit. Sie soll bis zum Tod reichen, doch wann tritt der ein? Ein heute 35-jähriger Mann wird nach Berechnungen des Statistischen Bundesamts voraussichtlich 82,6 Jahre alt – im Durchschnitt. Doch die Lebensversicherungsunternehmen treffen eigene Annahmen über die Lebensdauer ihrer Versicherten: Ein 35-jähriger Mann wird demnach nicht 82,6, sondern immerhin 93,3 Jahre alt. Eine heute 35-jährige Frau soll sogar 97,5 Jahre alt werden. Die Versicherer begründen dies mit dem Zwang zu einer sehr vorsichtigen Kalkulation: Das Geld soll auch wirklich bis zum Tod reichen (siehe auch Kapitel „Sterbetafeln“, ab Seite 95).

Für den Kunden hat das Folgen: Wenn die Versicherung mit einem sehr langen Leben rechnet, muss das Kapital sehr lange gestreckt werden. Die monatliche Rentenzahlung ist deshalb niedrig.

Kunden sehen alt aus

„Den Kunden geht durch die quasi selbstgestrickten Sterbetafeln der Versicherungen viel Geld verloren“, kritisiert Arno Gottschalk (Verbraucherzentrale Bremen), „denn ihre Renten fallen dadurch viel zu niedrig aus.“ Der Verbraucherschützer plädiert dafür, dass die Versicherer sich im Grundsatz an den Prognosen des Statistischen Bundesamts orientieren oder die sogenannten Heubecktafeln verwenden. Diese werden von den klassischen („regulierten“) Pensionskassen in der betrieblichen Altersversorgung benutzt und liegen dicht an der Prognose des Statistischen Bundesamts.

So sichern Sie sich gegen den Totalverlust ab

Eine Privatrente ist nicht nur renditeschwach, es droht sogar der Totalverlust. Wer schon kurz nach Rentenbeginn stirbt, schenkt sein verbliebenes Kapital grundsätzlich der Versicherung. Die Erben gehen leer aus (siehe Kasten „Vermögen versenkt“ auf Seite 32). Damit das nicht passiert, gibt es mehrere Möglichkeiten. Die machen die von den Versicherungen gern als „Sorglos-Produkt“ verkaufte Privatrente für die Kunden leider etwas kompliziert. Und das Wichtigste: Sie müssen die Wahl zwischen den verschiedenen Varianten spätestens zum Start der Rentenphase treffen. Spätere Änderungen sind nicht möglich.

Garantielaufzeiten: Sie können vereinbaren, dass die Rente unabhängig von Ihrem Todeszeitpunkt eine bestimmte Zeit garantiert gezahlt wird. Üblicherweise werden 5, 10 oder 15 Jahre angeboten. Eine solche Rentengarantie kostet nur wenig extra, weil die Versicherer ohnehin sehr lange Laufzeiten einkalkuliert haben.

Beitragsgarantie: Sie können auch vereinbaren, dass im Todesfall Ihre Erben die Summe aller zuvor eingezahlten Beiträge erhalten.

Bereits empfangene Renten werden abgezogen. Auch durch diese Sicherung fällt die Rente etwas niedriger aus.

Kapitalschutz: die sicherste Variante. Im Todesfall bekommt der Bezugsberechtigte die Summe, die am Anfang der Rentenphase für eine Kapitalauszahlung bereitstand. Auch hier werden bereits erhaltene Renten abgezogen. Die monatliche Rente fällt in dieser Variante noch etwas niedriger aus. Das funktioniert bei einigen Versicherungen auch im „Erlebensfall". Beispiel: Nach drei Jahren Rentenbezug brauchen Sie dringend einen größeren Geldbetrag. Sie können dann die gesamte noch für den Todesfall bereitstehende Summe aus dem Vertrag rausholen. Das ist quasi eine verspätete Kapitalauszahlung während der Rentenphase (siehe Kapitel „Wer zahlt Ihnen Ihr Kapital zurück?", ab Seite 165).

Vermögen versenkt

Peter T. war Seemann und bekam mit 58 Jahren eine Lebensversicherung von 60.000 Euro ausgezahlt. T. ließ sich den Betrag verrenten und bekam fortan monatlich (inklusive Überschussbeteiligung) 306,26 Euro. Nach nur zwei Jahren starb er. Seine Erben verlangten von der Versicherung die Auszahlung des restlichen Kapitals – vergeblich. Zwar hatte T. im Versicherungsantrag seine Neffen als bezugsberechtigte Hinterbliebene eingetragen, T. hatte aber versäumt, ausdrücklich eine „Rentengarantiezeit" zu vereinbaren. Und so gingen die Neffen leer aus. Bewegt sich die Rentengarantiezeit im Rahmen der ohnehin kalkulierten Lebenserwartung, ist das noch nicht einmal sehr teuer. Hätte T. beispielsweise eine Rentengarantiezeit von 15 Jahren vereinbart, so hätte er monatlich gerade mal 11,84 Euro weniger Rente erhalten. Im Gegenzug hätten seine Erben immerhin fast 44.000 Euro bekommen.

Verkalkuliert

Ernst S. hatte eine Erbschaft gemacht und steckte die stolze Summe von 200.000 Euro per Einmalzahlung in eine private Rentenversicherung – bei der Victoria. Das Ziel: eine ordentliche Zusatzrente, bis an sein Lebensende. Die Prognose der Victoria: monatlich 1.447,81 Euro. Dieser Betrag sollte später sogar noch wachsen – auf über 2.000 Euro. Auf die Frage, wie sicher das sei, bekam er die Antwort: „Selbst in Zeiten niedriger Zinsen hat die Victoria ... die Möglichkeit, auch über einen längeren Zeitraum die Überschüsse für die Kunden stabil zu halten."

Es kam anders: Vier Jahre später bekommt S. statt der versprochenen 1.447,81 Euro nur 996,42 Euro, rund ein Drittel weniger. „Ich fühle mich regelrecht betrogen und kann kaum glauben, dass so etwas erlaubt ist", schimpft S. Tatsächlich ist ihm das Schlimmste passiert, was möglich ist: Er bekommt praktisch nur die Garantierente ausgezahlt, die ihm die Versicherung keinesfalls nehmen kann. Nahezu sämtliche Überschussanteile wurden gestrichen. Die Victoria begründet dies mit gesunkenen Kapitalmarktzinsen und der gestiegenen Lebenserwartung. Dazu S.: „Das wussten die doch vorher, dass die Leute immer älter werden, das kommt doch nicht so plötzlich."

Die Sofortrente: viel Kürzungspotenzial

Besonders häufig drohen Kürzungen bei einem Spezialprodukt der Rentenversicherungen: der sogenannten „Sofortrente" oder „Rente gegen Einmalbeitrag". Hier fällt die Ansparphase weg. Sie zahlen einen größeren Geldbetrag ein und sofort beginnt die Rentenzahlung. Viele ablaufende Kapitallebensversicherungen oder auch betriebliche Abfindungen werden auf diese Art verrentet. Bei Versicherungen sind solche Einzahlungen natürlich begehrt, weil sie viel weniger Arbeit machen. Statt jahrzehntelang Beiträge zu sammeln, Überschüsse zuzuteilen und Standmitteilungen zu verschicken, fällt ihnen das Kapital quasi in den Schoß. Entsprechend groß ist der Wettbewerb um solche Einmalbeiträge und es ist kein Wunder, dass Versicherungen einander mit Top-Rentenversprechungen überbieten. Später werden die Auszahlbeträge aber nicht selten drastisch gekürzt. Hinweis: Theoretisch haben Versicherer bei Sofortrenten das Recht, in den ersten acht Jahren einen höheren Rechnungszins (als derzeit 2,25 Prozent) zu garantieren. Damit könnten sie tatsächlich eine etwas höhere Rente sicher zusagen.

Sollten Sie also mit dem Gedanken spielen, eine Sofortrente abzuschließen, gilt: Ruhe bewahren, den Markt kritisch durchforsten und sich nicht vom schönen Schein, sprich hohen Rentenversprechen, blenden lassen. Achten Sie auf die Höhe der Garantierenten. Wirklich vergleichbar sind diese aber nur, wenn die Anbieter die gleichen Sterbetafeln benutzen.

Für Spätstarter wird es schwierig

Wie viel kostet es Sie, abhängig vom Eintrittsalter, wenn Sie später monatlich 500 Euro Privatrente haben wollen?

Eintrittsalter	Monatlicher Zahlbetrag in Euro	
	Mann	Frau
20	68	73
30	111	120
40	195	212
50	391	428

Vorgaben: Aufgeschobene Rente gegen laufenden Beitrag, Endalter 67 Jahre, Versicherungsbeginn 1.4.2010 mögliche Rente im ersten Jahr 500 Euro, inklusive Überschussbeteiligung, monatliche Zahlweise, Rentengarantiezeit zehn Jahre, Beitragsrückgewähr in der Aufschubzeit; Gesellschaft: Debeka, Tarif A1

(Quelle: MORGEN & MORGEN GmbH; Stand LV-WIN 7.53; April 2010; ID L10030/ L10031)

Darauf sollten Sie beim Abschluss achten

1. Sie sollten einen soliden Anbieter auswählen. Hilfestellungen finden Sie im Abschnitt „So finden Sie einen guten Lebensversicherer“, ab Seite 148.

2. Prüfen Sie, welchen Beitrag Sie sich leisten können. Wichtig ist, dass Sie den Vertrag dauerhaft bedienen können. Ein Versicherungsvertreter wird Ihnen die enormen Versorgungslücken im Alter aufzeigen und Ihnen raten, eher eine möglichst hohe

Rente zu versichern. Das bringt ihm die größte Provision. Viele Kunden können sich das aber nicht leisten; über die Hälfte der Rentenversicherungen wird vorzeitig gekündigt. Orientieren Sie sich also nicht an der späteren Versorgungslücke, sondern an dem monatlichen Geldbetrag, den Sie sich heute und auf Dauer leisten können!

3. Wählen Sie die richtige **Verwendung des Überschusses.**
In der Ansparphase
Hier müssen Sie entscheiden, wie Sie von den Überschüssen, die in der Ansparzeit entstehen, profitieren wollen. Es gibt zwei Varianten:
   - das Bonussystem und
   - die verzinsliche Ansammlung.

   Beim **Bonussystem** sorgen die Überschüsse jedes Jahr für eine Erhöhung der garantierten Rente. Bei der **verzinslichen Ansammlung** werden die Überschüsse zunächst gesondert gesammelt. Erst bei Rentenbeginn werden sie Ihrer Rente gutgeschrieben. Die Unterschiede sind minimal. Häufig ergibt die Variante Bonussystem die etwas höhere Rente, während die Variante verzinsliche Ansammlung für eine etwas höhere Todesfallleistung sorgt.

   In der Auszahlphase
   Hier gibt es drei Arten der Überschussverwendung:
   - eine sichere Variante
   - eine riskante Variante
   - eine mittlere Variante

   Bei der **sicheren Variante** startet die Rente relativ niedrig, ungefähr auf Höhe der zu Rentenbeginn erreichten Garantierente. Sie steigt im Lauf der Jahre an, je nach Höhe der erzielten Überschüsse. Vorteil: Eine Kürzung der Rente ist nicht mehr möglich – auch wenn die Versicherung schlechte Zahlen schreibt.
   Bei der **riskanten Variante** ist die Rente zu Beginn deutlich höher und bleibt im Idealfall über die gesamte Rentenzeit konstant. Nachteil: Sie kann gekürzt werden, im schlimmsten Fall bis auf die Garantierente. Hintergrund: Die Überschüsse der kommenden Jahre werden im Voraus zugeteilt. Aber nur, wenn die

prognostizierten Überschüsse erreicht werden, bleibt die Rente auf dem hohen Niveau. War die Prognose zu optimistisch, sind drastische Kürzungen unvermeidlich.

Bei der **mittleren Variante** beginnt die Rente ebenfalls oberhalb der Garantierente, allerdings niedriger als bei der riskanten Variante. Hier sind moderate Steigerungen vorgesehen, weil die prognostizierte Höhe der Überschussbeteiligung nur teilweise in der Rentenhöhe vorweggenommen wird. Auch hier kann die Rente gekürzt werden, sollte die Versicherung mit ihren Prognosen krass danebenliegen.

Besonders gefährlich: Fast jede Versicherung benennt ihre Varianten anders. Und die Namen lassen auf den ersten Blick kaum erkennen, ob es sich hier um die sichere oder die riskante Variante handelt. Fragen Sie deshalb gezielt nach!

Babylonische Verwirrung

Die richtige Wahl der Überschussverwendung machen uns die Versicherer wahrlich nicht leicht: Marktführer Allianz nennt die sichere, nicht mehr kürzbare Variante schlicht „Zusatzrente“, der Volkswohl Bund bezeichnet sie hingegen als „Dynamische Bonusrente“ und die LV von 1871 als „Steigende Bonusrente“. „Bonusrente“ sagen auch Generali und Nürnberger, meinen damit aber die riskante Variante. „Nichtdynamische Bonusrente“ sagt hierzu der Volkswohl Bund, obwohl genau diese Variante absinken kann bis auf die Garantierente. Bei der Allianz heißt diese riskante Version „Überschussrente“. Das klingt zwar ähnlich wie die „Dynamische Überschussrente“ der R+V. Die aber kann gerade nicht fallen, ist also sicher. So etwas nennt HDI-Gerling innovativ „Form K“. Alles klar? (Stand Dezember 2009)

4. Prüfen Sie, ob Sie **Garantien** benötigen.
   - Müssen Sie keine Hinterbliebenen absichern, so wählen Sie die **reine Rente** ohne Beitragsrückgewähr in der Aufschubphase und ohne Rentengarantiezeit.
   - Wollen Sie maximale **Sicherheit für Hinterbliebene,** so wählen Sie in der Aufschubphase eine hohe Todesfallleistung und für die Rentenphase maximalen Kapitalschutz.

- Wollen Sie möglichst **flexibel** sein, sichern Sie sich die Option, auch in der Rentenphase noch Ihr gesamtes Kapital abrufen zu dürfen.

5. Achten Sie auf **flexible Vertragsbedingungen**. Möglich sein sollte:
   - eine **zinslose Stundung** der Beiträge, zum Beispiel für sechs Monate. Der Vertrag bleibt in voller Höhe erhalten. Sie müssen die Beiträge allerdings nachzahlen.
   - eine **Unterbrechung des Vertrags** (befristete Beitragsfreistellung). Gut ist, wenn Sie dies bis zu drei Jahre machen können und anschließend die Zahlung wieder aufnehmen können. Die späteren Leistungen sinken allerdings durch die Unterbrechung entsprechend.
   - ein **Vorziehen oder Aufschieben** des Rentenbeginns zum Beispiel um fünf Jahre.

Fazit: Die Privatrente löst bei der Altersvorsorge die Kapitallebensversicherung immer mehr ab. Wer das bedauert, findet mittlerweile Rentenprodukte, die den Klassiker nachbilden, weil sie in der Aufschubphase einen Todesfallschutz in Höhe der Versicherungssumme bieten und auch in der Rentenphase den Zugriff auf das Kapital ermöglichen. Wer sich für die Verrentung entscheidet, wird aufgrund der unterstellten sehr langen Lebenserwartung oft nur eine schlechte Rendite einfahren. Vorteil: Die lebenslange Verrentung wird steuerlich stark begünstigt (siehe Kapitel „Steuern und Abgaben“, ab Seite 106).

Für wen taugt die private Rente*?

	Verrentete Auszahlung	kapitalisierte Auszahlung
Single	+ –	+
Paar	–	+ –
Familie	–	+ –

* ohne fondsgebundene Produkte

Fondsgebundene Lebens- und Rentenversicherung: Rendite in Gefahr!

„Umfassende Sicherheit, eine verlässliche private Altersvorsorge und große Renditechancen. So lässt sich die fondsgebundene Rentenversicherung auf den Punkt bringen“ – beschreibt ein großer deutscher Versicherer den Verkaufsschlager der Branche. Mit jährlich rund 1,5 Millionen Policen werden mehr fondsgebundene Renten abgesetzt als klassische Privatrenten. Und bei den neuverkauften kapitalbildenden Lebensversicherungen ist rund ein Drittel fondsgebunden. Glaubt man den Versicherungen, handelt es sich bei diesen Produkten um die berühmten „Eier legenden Wollmilchsäue“. Schön wär's! Denn eins ist klar: „Umfassende Sicherheit“ und „große Renditechancen“ gleichzeitig, das geht nicht. Den Kunden droht in der Praxis sogar das Gegenteil: Verluste oder geringe Renditen. Der für seinen Klartext bekannte Branchendienst mapreport nennt die „fondsgebundenen“ gar die „kapitalvernichtenden Lebensversicherungen“, wobei Lebens- wie Rentenversicherungen gleichermaßen gemeint sind. Auf den folgenden Seiten verwenden wir den Begriff „fondsgebundene Rente“, weil dieses Produkt derzeit hauptsächlich verkauft wird (auch als Riester- und Rürup-Rente!). Mögliche Kritikpunkte gelten jedoch in gleicher Weise für die fondsgebundene Kapitallebensversicherung.

Ein geniales Produkt

„Es handelt sich bei der fondsgebundenen Rentenversicherung tatsächlich um ein geniales Produkt“, urteilt Arno Gottschalk, Finanzexperte der Verbraucherzentrale Bremen. „Genial allerdings nur für die Versicherer, Fondsgesellschaften und Banken, die durch eine einzigartige Konstruktion Kosten produzieren und Provisionen einstreichen. Nicht so genial ist es für die Kunden. Die zahlen viel und tragen obendrein das Risiko. Im Extremfall das Risiko des Totalverlusts.“

Was heißt „fondsgebundene Rente“?

Der Unterschied zur klassischen Privatrente liegt in der Geldanlage: Nach Abzug der Kosten fließt Ihr Beitrag nicht in das allgemeine Anlagekapital der Versicherung, sondern in ein abgegrenztes Sondervermögen in Form von Fonds. Der Anlageerfolg hängt damit nicht von der Nettoverzinsung ab, die der Versicherer erwirtschaftet, sondern von der Entwicklung der Fonds. Einen Rechnungszins auf das Deckungskapital wie bei der klassischen Privatrente gibt es nicht.

Der Auswahl der Fonds sind keine Grenzen gesetzt: Aktienfonds, Immobilienfonds, Rentenfonds, Geldmarktfonds oder eine Mischung aus all dem. In der Regel entscheiden Sie bei Vertragsschluss, wie riskant (die Versicherer bevorzugen hier Begriffe wie „chancenorientiert“) Ihr Geld angelegt werden soll. Risikobereite Kunden wählen erfahrungsgemäß Aktienfonds. Sicherheitsbewusste Kunden bevorzugen eher Renten- oder Geldmarktfonds.

Fondsauswahl und Fondsrisiko

Die Qualität eines fondsgebundenen Produkts steht und fällt mit der Fondsauswahl. Es gibt hochriskante Aktienfonds und relativ sichere Rentenfonds, es gibt renditestarke und renditeschwache, teure und preiswerte Fonds – und vor allem jene, die Ihr Versicherer Ihnen anbietet. Für Sie ist entscheidend: Welche Fonds passen zu Ihrer Risikobereitschaft? Können Sie zur besseren Risikomischung Ihr Geld auf mehrere Fonds verteilen? Können Sie später mindestens einmal jährlich kostenlos die Zusammensetzung Ihres Depots verändern? Wie teuer sind die Fonds?

Schauen Sie sich genau an, welche Fonds die von Ihnen ins Auge gefasste Versicherung im Angebot hat. Die Fonds besitzen ISIN- bzw. Wertpapierkennnummern (WKN). Auf den Internetportalen der großen Direktbanken können Sie mithilfe dieser Nummern die Höhe der Managementgebühren erkunden und sehen, wie sich die Fonds in der Vergangenheit entwickelt haben. Wie sich die Fonds jedoch in Zukunft entwickeln, ist ungewiss. Sie tragen bei einer fondsgebundenen Versicherung das volle Risiko. Gehen Ihre Fondsanlagen in den Keller, so bekommen Sie am Ende unter Umständen deutlich weniger raus, als Sie eingezahlt haben.

Kurzschluss

Horst-Peter und Christa W. wollten ihre Elektrowerkstatt bald aufgeben. Für ihren Ruhestand hatten sie zusätzlich eine fondsgebundene Rentenversicherung abgeschlossen. Fast 40.000 Euro zahlten sie bei der luxemburgischen „Vorsorge-Leben“, einer Tochter des ERGO-Konzerns, ein. Nach zehn Jahren Laufzeit hofften sie auf eine Verdopplung der Summe. Tatsächlich beträgt der Wert ihrer Versicherung aber nur 22.500 Euro. Eine Katastrophe. Statt eine stolze Rendite gebracht zu haben, ist die Altersvorsorge der Eheleute W. nur noch die Hälfte wert. Arno Gottschalk von der Verbraucherzentrale Bremen kennt viele solcher Fälle: „Die meisten Kunden wissen offenbar gar nicht, was sie abgeschlossen haben. Sie glauben, dass zumindest das, was sie eingezahlt haben, erhalten bleibt. Und dass obendrein über die Aktien ein Zusatzertrag kommt. Dass man tatsächlich seine Beiträge verlieren kann, das ist in den Köpfen gar nicht drin.“

Offenbar verschweigen oder verharmlosen viele Versicherungsvermittler das Verlustrisiko. Christa und Horst-Peter W. erinnern sich an den Vertragsabschluss: „Es sollte eine sichere Anlage sein, sodass das Geld, das wir einzahlen, nicht weniger wird. Das wurde uns so zugesagt."

Kosten killen Rendite

Der entscheidende weitere Nachteil der fondsgebundenen Versicherung: Sie ist extrem teuer. Nicht nur die Versicherung will an dem Vertrag verdienen, sondern auch Fondsgesellschaften und Banken. So bleiben für die Geldanlage oft nur 70 bis 80 Prozent der Beiträge übrig, in Extremfällen sogar weniger als 50 Prozent. Das macht sich vor allem in den ersten Jahren bemerkbar: Der Vertrag wird so stark mit Abschlusskosten belastet, dass kaum Fondsanteile gekauft werden. Und während der gesamten Laufzeit werden von jedem Beitrag Verwaltungskosten abgezogen, oft 5 bis 10 Prozent. Dazu kommen noch Kosten für Fondsmanagement und Provisionen der Bank.

Folge: Selbst wenn Ihre Fonds gut laufen, bleibt Ihre Rendite mager, denn ein großer Teil Ihrer Beiträge geht für Kosten drauf. Wenn Sie trotz aller Nachteile ein Fondsprodukt favorisieren, prüfen Sie die Angebote von vergleichsweise kostengünstigen Anbietern. Dies sind beispielsweise CosmosDirekt, Hannoversche Leben, Europa und HUK-Coburg.

Die Baisse zur Unzeit

Wer im Alter auf die zusätzliche Altersvorsorge zwingend angewiesen ist, sollte die Finger von fondsgebundenen Versicherungen lassen! Denn planbar ist diese Form der Zusatzrente nicht. Aktienmärkte liegen mitunter jahrelang am Boden – und wenn Sie in eine solche Periode hineingeraten, holen Ihre Fonds noch nicht mal die Kosten wieder rein. Rendite: negativ. Es ist also ein Produkt, das allenfalls für jene sinnvoll ist, die ihre Grundbedürfnisse im Alter bereits abgesichert haben und hoffen, sich mit der „Fondsgebundenen“ das gewisse Extra leisten zu können. Dabei sind folgende Punkte zu beachten:

- Eine fondsgebundene Versicherung sollte eine Abruf- und Verschiebeoption haben. So sollten Sie ohne Zusatzkosten bis zu fünf Jahre früher oder später Ihre Rente oder Kapitalleistung abrufen dürfen.
- Zur Sicherung Ihres Kapitals sollte gegen Ende der Laufzeit ein Ablaufmanagement dafür sorgen, dass Ihre Anlagen in risikoärmere Fonds umgeschichtet werden. Die letzte Entscheidung muss aber bei Ihnen bleiben: Wenn Sie beispielsweise fünf Jahre vor Ablauf im Börsentief hängen, sollten diese Tiefstände natürlich nicht „gesichert“ werden.

85 Prozent Verlust

Der Mitarbeiter des persönlichen Finanzoptimierers AWD („mehr Netto“) riet Michael S. zu einer fondsgebundenen Rentenversicherung. Versprochen wurde ihm eine überdurchschnittlich gute Rendite. In die Versicherung der Skandia Lebensversicherung zahlte S. in über vier Jahren rund 17.000 Euro ein – doch anschließend betrug der Wert dieser Versicherung gerade mal 2.500 Euro. Schuld waren vor allem die enorm hohen Kosten der Versicherung und des Vertriebs: Rund 12.000 Euro gingen für Abschlussprovision und Verwaltungskosten drauf. Die restlichen 5.000 Euro flossen in die Geldanlage und waren wegen der Finanzkrise nur noch die Hälfte wert. Die Skandia Lebensversicherung AG zeigte sich unbeeindruckt: Man habe Herrn S. bei Vertragsschluss sehr wohl auf Verlustrisiken hingewiesen. Dieser habe gewusst, dass es „gegebenenfalls auch zu Wertminderungen“ kommen könne und dass Kosten in den ersten Jahren den Rückkaufswert schmälerten. Über das Ausmaß dieser „Schmälerungen“ war sich Michael S. allerdings nicht im Klaren: „Niemals hätte ich damit gerechnet, dass nach vier Jahren rund 85 Prozent meiner Beiträge weg sind.“

Garantien ohne Sinn und Verstand

Immer mehr fondsgebundene Versicherungen werden mittlerweile mit einer Garantie verkauft, die dafür sorgt, dass zumindest die eingezahlten Beiträge erhalten bleiben. Sinnvoll sind solche Garantien vor allem für die Versicherungen, weil so die Fondsprodukte trotz

Börsenkrise weiter guten Absatz finden. Den Kunden nutzen sie jedoch wenig, denn durch die Garantien werden alle Hoffnungen auf außergewöhnliche Renditen zunichte gemacht. Der Grund: Die Versicherungen können die Beitragserhaltungsgarantie nur schaffen, indem sie spezielle Vorkehrungen treffen.

Strategie 1: Sie verkaufen unechte Fondspolicen. Die Beiträge werden ganz überwiegend in festverzinslichen Wertpapieren angelegt. Nur ein sehr kleiner Teil der Prämie fließt dann in Fonds und bringt ein bescheidenes Renditeplus, wenn überhaupt.

Strategie 2: Ihr Geld fließt in einen Fonds, der stets nach Börsenlage flexibel zwischen Investment in (riskanten) Aktien und (weniger riskanten) Rentenpapieren umschichtet. Ein solches Modell führt auch bei mittelschweren Einbrüchen an der Börse schnell zur Komplettumschichtung hin zu Rentenpapieren. Der Fonds ist dann zu 100 Prozent in Rentenpapiere investiert und kommt gar nicht mehr dazu, von künftigen Aktienboomzeiten profitieren zu können.

Fazit: Fondsgebundene Versicherungen sind kostenträchtig und verlagern das Kapitalanlagerisiko voll auf den Kunden. Mehr Sicherheit versprechen fondsgebundene Versicherungen mit Garantie. Doch das geht zulasten der Rendite. Die Garantien greifen außerdem nur, wenn der Kunde den Vertrag bis zum vereinbarten Ende durchhält. Wer Sicherheit will, sollte besser eine klassische Privatrente wählen. Dort erhält er zumindest den garantierten Rechnungszins.

Für wen taugt die fondsgebundene Kapitallebens- und Rentenversicherung?

Single	Paar	Familie
⊖	⊖	⊖⊖

Riester-Rente: stattliche Förderung!

Was Norbert Blüm in 16 harten Ministerjahren verwehrt blieb, schaffte sein Nachfolger Walter Riester quasi im Handstreich: ein Rentenprodukt, das seinen Namen trägt – die Riester-Rente. Anfangs viel kritisiert, hat sie sich acht Jahre nach ihrer Einführung zu einem Renner entwickelt: Rund 14 Millionen Riester-Verträge existieren mittlerweile. Bei der Riester-Rente handelt es sich um eine staatlich geförderte freiwillige Altersvorsorge. Mit ihr sollen die Kürzungen in der gesetzlichen Rentenversicherung und der Beamtenversorgung ausgeglichen werden. Obwohl vom Staat erfunden, handelt es sich bei Riester-Produkten um rein private Altersvorsorgeverträge. Es gibt zahlreiche Spielarten: private Rentenversicherung (auch als fondsgebundene Variante), Fondssparplan, Banksparplan, Wohn-Riester und Riestern über die betriebliche Altersvorsorge (Direktversicherung, Pensionskasse, Pensionsfonds). In der Praxis dominiert jedoch mit rund 10 Millionen Verträgen eindeutig die private Rentenversicherung.

Die vielen Varianten der Riester-Rente

Riestern privat	Riestern betrieblich
private Rentenversicherung	Direktversicherung
Fondssparplan	Pensionsfonds
Banksparplan	Pensionskasse
Wohn-Riester	

So funktioniert die Riester-Rente

Sie schließen bei einer Versicherung, einer Bank, einer Fondsgesellschaft oder einer Bausparkasse einen staatlich zertifizierten Riester-Vertrag ab. Mit dem Vertragsschluss gelten dann die Riester-Spielregeln: Sie zahlen Ihren Mindesteigenbeitrag, stellen den Zulagenantrag und erhalten für sich und gegebenenfalls Ihre Kinder Fördergelder, die direkt in Ihren Vertrag fließen. Zusätzlich profitieren Sie eventuell noch von Steuervorteilen.

Die Vorteile:

- Egal welchen Durchführungsweg Sie wählen, zu Rentenbeginn müssen zumindest Ihre eingezahlten Beiträge plus die staatlichen Zulagen vorhanden sein. Der Anbieter muss also den Kapitalerhalt garantieren – auch bei Fondssparplänen und fondsgebundenen Rentenversicherungen.
- Die Einzahlungen können flexibel erfolgen. Das heißt, Sie können mal mehr und mal weniger einzahlen. Die volle Förderung bekommen Sie aber nur, wenn Sie den Mindesteigenbeitrag erbringen.
- Das Vermögen in Riester-Verträgen ist „Hartz-IV-fest". Das bedeutet: Wenn Sie arbeitslos werden und in den Hartz-IV-Bezug rutschen sollten, müssen Sie den Riester-Vertrag nicht auflösen und das Vermögen verbrauchen. Vorsicht: Das gilt nur für zertifizierte Riester-Verträge, in die staatliche Zulagen fließen.

Schon-Vermögen = Einzahl. bis 2100,- jährl., darf auch wenn mehr als 2100,- jährl. eingezahlt werden ?

Die Nachteile:

- Sie kommen an Ihr Vermögen nicht so leicht heran. Eine vollständige Kapitalauszahlung Ihres Riester-Vermögens ist in der Rentenphase nicht möglich. Lediglich zum Rentenbeginn dürfen 30 Prozent als Einmalzahlung entnommen werden. Als Normalfall ist eine lebenslange Rentenzahlung vorgesehen. Damit sind Sie bei der Riester-Privatrente von der Problematik schlechter Renditen bei lebenslangen Renten betroffen (siehe „Schlechte Rendite oder unfaire Wette auf ein langes Leben", ab Seite 30, und „Sterbetafeln", ab Seite 95).
- Eine Rentenzahlung beginnt frühestens mit Vollendung des 60. Lebensjahrs. Ab 2012 ist bei neu abgeschlossenen Verträgen sogar eine Erhöhung auf das 62. Lebensjahr vorgesehen.
- Eine vorzeitige Entnahme ist möglich, doch müssen dann alle erhaltenen Zulagen und Steuervorteile zurückgezahlt werden. Ausnahme: Wohn-Riester.
- Eine Übertragung, Beleihung oder Verpfändung Ihres Riester-Vermögens ist ausgeschlossen. Die Vererbung (siehe Seite 57) ist unter bestimmten Bedingungen möglich.
- Riester-Renten sind bei Auszahlung voll steuerpflichtig, ganz gleich ob es sich um eine Riester-Rentenversicherung oder um einen geriesterten Bank- oder Fondssparplan handelt (siehe Kapitel „Steuern und Abgaben", ab Seite 106).

Riester in Zahlen

Anzahl der Riester-Verträge	14 Millionen
Potenzial der Riester-Sparer	36 Millionen
Durchschnittlich versicherte Garantierente im Monat (2008)	80 Euro
Marktanteile der Riester-Varianten	73 % Versicherungen, 20 % Fondssparpläne, 5 % Banksparpläne, 2 % Bausparverträge

(Quelle: GDV/Bundesministerium für Arbeit und Soziales, Stand: 2010)

Wer wird gefördert?

Die Förderung erhalten alle Pflichtversicherten der gesetzlichen Rentenversicherung, also Arbeitnehmer, Auszubildende sowie pflichtversicherte Selbstständige (zum Beispiel Hebammen, Grafiker, Künstler). Aber auch Beamte, Richter, Soldaten, Wehr- und Zivildienstleistende. Darüber hinaus Mütter und Väter während ihrer Kindererziehungszeit (36 Monate nach der Geburt), Bezieher von vollen Erwerbsminderungsrenten, dienstunfähig geschriebene Beamte, Arbeitslose (auch wenn der Anspruch auf Arbeitslosengeld II ruht), Empfänger von Vorruhestands-, Kranken-, Verletzten- oder Übergangsgeld. Außerdem Minijobber, die auf ihre Versicherungsfreiheit verzichten, und nicht erwerbsmäßig tätige Pflegepersonen. Auch nicht unmittelbar förderfähige Ehepartner aller genannten Förderberechtigten können Zulagen bekommen. Als „abgeleitet Förderfähige" können sie einen eigenen Vertrag abschließen, bekommen die Zulage und müssen dafür noch nicht mal einen Eigenanteil

So profitieren auch Topverdiener!

Auch Besserverdiener wie selbstständige Ärzte oder Rechtsanwälte können riestern: über den Umweg der Ehegattenförderung. Wenn der Arzt beispielsweise seine Frau anstellt – ein 400-Euro-Job mit Verzicht auf Versicherungsfreiheit reicht –, wird diese automatisch förderberechtigt. Die Ehefrau kann gegen Zahlung des Sockelbeitrags von 5 Euro im Monat für sich und ihre Kinder Zulagen einstreichen. Und der Arzt bekommt seine Zulage als abgeleitet Förderfähiger auf seinen eigenen Vertrag und zahlt dafür keinen Cent. Natürlich darf er seinen Vertrag finanziell aufstocken. Steuerlich gemeinsam veranlagte Ehepaare können diese Einzahlungen dann als Sonderausgaben absetzen. Dies klappt aber nur, wenn der eigentlich Förderberechtigte den steuerlich abzugsfähigen Riester-Höchstbetrag von 2.100 Euro noch nicht ausgeschöpft hat.

Originär förderfähige Besserverdiener können ohnehin problemlos vom Sonderausgabenabzug profitieren: Angenommen ein angestellter Krankenhausarzt verdient brutto 75.000 Euro und riestert jährlich 2.100 Euro, dann bekommt er hierfür vom Staat 882 Euro (154 Euro Zulage plus 728 Euro Steuervorteil). Geringverdiener haben hingegen keine Steuervorteile. Eine (kinderlose) Putzfrau im selben Krankenhaus mit einem Jahresverdienst von 15.000 Euro bekommt nur 154 Euro Grundzulage.

zahlen. Voraussetzung: Der eigentlich Förderberechtigte muss voll in einen eigenen Vertrag einzahlen.

Preiswert riestern als Minijobber

Ist einer der Ehepartner nur Minijobber, kann eine Familie auch mit hohem Familieneinkommen preiswert riestern. Der Trick: Verzichtet der Minijobber auf die Versicherungsfreiheit, muss er zwar in geringem Umfang Sozialabgaben zahlen, wird aber Riester-förderberechtigt und kann sich für 5 Euro monatlich (Sockelbeitrag) die Grundzulage und sämtliche Kinderzulagen gutschreiben lassen. Der vollschichtig arbeitende Partner kann, muss aber keinen eigenen Vertrag abschließen. So kann sich die Familie mit minimalem Einsatz die Zulagen sichern.

So viel Förderung gibt es

Das Besondere an der Riester-Förderung ist die Mischung aus Zulagen und Steuervorteilen. Im ersten Schritt gibt es die Zulagen: Als Förderberechtigter erhalten Sie 154 Euro jährlich. Dazu kommen pro Kind 185 Euro – für alle ab 1.1.2008 Geborenen sogar 300 Euro. Die Kinderzulage gibt es aber nur, solange Kindergeld bezogen wird. Haben beide Elternteile einen Riester-Vertrag, fließt die Kinderzulage normalerweise auf den Vertrag der Mutter. Stimmen beide Elternteile zu, kann sie jedoch auch der Vater bekommen. Alle Unter- 25-Jährigen, die einen eigenen Riester-Vertrag abschließen, erhalten seit 2008 einmalig einen „Berufseinsteiger-Bonus“ in Höhe von 200 Euro. Dieser Bonus wird auch für vor 2008 abgeschlossene Verträge gezahlt.

Die Zulagen im Überblick

Grundzulage (Erwachsene)	154 Euro pro Jahr
Kinderzulage	185 Euro pro Jahr
Kinderzulage (für ab 1.1.2008 geborene Kinder)	300 Euro pro Jahr
Berufseinsteigerbonus (für Unter-25-Jährige mit eigenem Vertrag)	Einmalig 200 Euro

Die vollen Zulagen bekommt, wer den vollen Eigenbeitrag zahlt. Bemessungsgrundlage sind 4 Prozent des Bruttojahreseinkommens (des Vorjahrs) – so viel muss in den Vertrag fließen. Der Eigenbeitrag vermindert sich um die staatlichen Zulagen. Gefördert werden maximal Einzahlungen in Höhe von 2.100 Euro jährlich (inklusive der Zulagen).

In vielen Fällen liegt die Förderquote eines Riester-Vertrags bei über 50 Prozent. Dies vor allem dann, wenn das Einkommen nicht hoch ist und Kinderzulagen gewährt werden. In Extremfällen kann die Förderquote sogar über 90 Prozent betragen. Eine solche „Rendite" ist kaum mit einer anderen Geldanlage zu erreichen.

Beispiele

Riester-Förderung abhängig von Familiensituation					
	Alleinstehend		Ehepaar		
	Frau	Mann	nur Mann riestert	Mann und Frau riestern*	
Jahreseinkommen in Euro	15.000	50.000	Mann: 40.000 Frau: kein Einkommen		
Kinder	1	ohne	3		
				Mann	Frau
Grundzulage	154	154	154	154	154
Kinderzulage +	185	-	555 (3 x 185)	-	555 (3 x 185)
Summe der Zulagen =	339	154	709	154	709
Eigenbeitrag (4 % vom Jahreseinkommen)	600	2.000	1.600	1.600	0
Summe der abzugsfähigen Zulagen –	339	154	709	863 (154 + 709)	709
verbleibender Zahlbetrag =	261	1.846	891	737	0
Steuervorteil –	-	647,80	-	-	-
tatsächlicher Eigenanteil =	261	1.198,20	891	737	0
staatliche Förderquote	56,5 %	40,09 %	44,3 %	53,9 %	

* Vorteil: Entscheidet sich das Paar für zwei Verträge, so optimiert es die Zulagen und der tatsächliche Eigenanteil ist niedriger, weil der Mann in diesem Fall die gesamten Zulagen der Familie von seinem Eigenbeitrag abziehen kann. Außerdem sorgt die alternative Variante für eine eigenständige Altersvorsorge der Frau.
Alle Angaben in Euro.

Wer hohe Zulagen bekommt, kann darüber hinaus keinen Steuervorteil erwarten. Besserverdiener, die nur geringe Zulagen erhalten, profitieren hingegen vor allem durch die Steuervorteile (mehr dazu im Kapitel „Steuern und Abgaben", Seite 116).

Sonderfall Kleinverdiener: Sie zahlen Sockelbeitrag!

Wer wenig verdient und für sich und seine Kinder Zulagen erhält, kommt schnell in die Situation, dass die Zulagen den geforderten Mindesteigenbeitrag (4 Prozent des Vorjahresbruttoeinkommens) übersteigen. Solche Kleinverdiener müssten eigentlich gar nichts selbst zahlen. Ein kleines „Opfer" wird aber auch ihnen abverlangt: Jeder Förderberechtigte muss zumindest den Sockelbeitrag von 5 Euro monatlich, also 60 Euro im Jahr zahlen.

Interessant ist ein Riester-Vertrag auch für sogenannte Aufstocker, die wegen ihres geringen Einkommens noch Leistungen der Grundsicherung (ALG II) erhalten. Hier wird der Mindesteigenbeitrag von 60 Euro vom maßgebenden Einkommen abgezogen und erhöht damit den Anspruch auf ALG II. Aufstocker müssen also, solange sie ALG II beziehen, den Eigenbeitrag nicht selbst aufbringen!

Die Superrendite

Riester rentiert sich. Ganz besonders für kinderreiche Familien wie Familie K. Vater Jürgen arbeitet als Masseur. Angelika ist Hausfrau und kümmert sich um die fünf Kinder. Das Jahreseinkommen der Familie beträgt 30.000 Euro, ist also Durchschnitt und ergibt später auch nur eine Durchschnittsrente. Riester ist also willkommen und bringt enorme staatliche Zulagen: zweimal Grundzulage, fünfmal Kinderzulage – macht 1.233 Euro. Das liegt sogar über dem eigentlich fälligen Eigenanteil von 1.200 Euro (4 Prozent von 30.000 Euro). Ein Sockelbeitrag von 60 Euro ist trotzdem fällig – da ist Vater Staat streng. Macht also Einzahlungen von 1.293 Euro jährlich. Und die Förderquote ist wirklich gigantisch: 95,4 Prozent der Einzahlungen kommen vom Staat – oder anders ausgedrückt: Mehr als 21 Mal so viel, wie Familie K. selbst einzahlt, landet im Riester-Topf. Mehr gibt es nur noch im Roulette!

Welche Variante ist die beste?

Außer der **Privatrente** nach Riester-Regeln gibt es noch die Varianten **Fondssparpläne, Banksparpläne** und **Wohn-Riester.** Für alle Spielarten gibt es die gleichen Zulagen und Steuervorteile.

Privatrente: Sie ist das meistverkaufte Riester-Produkt. Auf der Basis des garantierten Rechnungszinses (bei Neuverträgen: 2,25 Prozent auf den Sparanteil) versprechen die Versicherungen zum Rentenbeginn eine sichere Garantierente. Dazu kommt eine (in der Höhe unsichere) Überschussrente. Aufgrund der hohen Kosten sind Riester-Renten renditeschwächer als normale Privatrenten.

Bei der fondsgebundenen Versicherungsvariante fließen große Teile der Einzahlungen in Aktienfonds. Der Versicherer muss spätestens zu Rentenbeginn den Kapitalerhalt garantieren. Das verhindert zwar Verluste, die Sicherungsstrategien sorgen aber gleichzeitig dafür, dass es mit den Renditechancen bei fondsgebundenen Riester-Policen nicht allzu weit her ist (siehe Kapitel „Fondsgebundene Lebens- und Rentenversicherung“, ab Seite 38).

Fondssparpläne: Auch die Riester-Fondssparpläne haben Sicherungen eingebaut, die in Krisenzeiten das Altersvorsorgevermögen in sichere Anlagen umschichten. Solche Schutzschirme sorgen jedoch dafür, dass die angepriesenen Renditechancen wohl kaum realisiert werden können.

Banksparpläne: Die Einzahlungen und Zulagen werden bei einer Bank angelegt. Die Zinsen liegen etwa im Bereich von Festgeld bzw. Tagesgeld. Ein Pluspunkt: Banksparpläne haben niedrigere Kosten als Versicherungen und Fondssparpläne. Hier arbeitet das Geld also tatsächlich zu fast 100 Prozent für den Riester-Sparer! Einziges Problem: Nur wenige Banken bieten diese vorteilhafte Variante an. Überregionale Anbieter werden regelmäßig in der Zeitschrift *Finanztest* getestet und veröffentlicht.

Wohn-Riester: die einzige Möglichkeit, bei der Sie die Früchte des Sparens schon vor Rentenbeginn genießen können. Es funktioniert mit allen Riester-Produkten. Bis zu 100 Prozent des Riester-Kapitals können Sie für den Bau oder Erwerb einer selbst genutzten Immobilie aus Ihrem Vertrag herausholen. Sie können mit dem entnommenen Betrag auch den Pflichtanteil an einer eingetragenen Wohnungsgenossenschaft zahlen. Wohn-Riester nutzt in speziellen Fällen also auch Mietern und nicht nur Eigentümern.

Alternativ zur Entnahme während der Ansparphase können Sie auch zu Rentenbeginn Ihr gesamtes Riester-Kapital zur Tilgung einsetzen. Eine Verrentung entfällt in diesem Fall. Die zusätzliche Altersvorsorge besteht in der eigenen Immobilie. Angeboten wird Wohn-Riester auch von Bausparkassen. Dann fließen die Zulagen in einen Bausparvertrag. Die vollen Zulagen gibt es genau wie bei den anderen Riester-Varianten, wenn (inklusive der Zulagen) 4 Prozent des Vorjahresbruttoeinkommens eingezahlt werden. Wird der Bausparvertrag zugeteilt und ein Bauspardarlehen aufgenommen, sind auch die Tilgungen förderfähig. Die volle Förderung gibt es auch hier, wenn die Tilgungsleistung (inklusive Zulagen) mindestens 4 Prozent des Vorjahresbruttos beträgt.

Riester-typisch sind die Fesseln, die dem Häuslebauer angelegt werden: Geförderte Immobilien dürfen nicht vermietet und nicht verkauft werden (Haltefrist: 20 Jahre). Andernfalls muss die Förderung zurückgezahlt werden.

Wie hoch ist die Riester-Rente?

Auch Riester-Policen schaffen keine Wunder. Beispiel: Wer 30.000 Euro jährlich verdient, muss (inklusive Zulagen) 1.200 Euro einzahlen, um die volle Förderung zu bekommen. Wer mit 30 beginnt, zahlt bis zur Rente mit 67 eine Gesamtsumme von 44.400 Euro ein. Gute Versicherer garantieren dafür eine lebenslange Rente von rund 240 Euro monatlich. Inklusive Überschussbeteiligung sollen es sogar über 400 Euro werden – doch das ist nicht sicher. Falls

Sie also die Riester-Rente in Form einer Versicherung abschließen, achten Sie zunächst auf die Höhe der Garantierente. Inklusive Überschüsse versprechen die Versicherungen aber deutlich mehr. Das ist umso glaubwürdiger, wenn es die Versicherung schafft, die laufende Verzinsung über viele Jahre hoch zu halten.

Zehn Anbieter von Riester-Renten ...

Anbieter	2010	2009	2008	2007
... mit hoher laufender Verzinsung				
Asstel	4,30	5,00	5,00	5,00
Debeka	4,60	4,80	5,10	5,10
Fortis	4,70	4,85	4,85	5,00
TARGO (früher CiV)	4,80	4,80	4,80	5,00
Volkswohl Bund	4,75	4,75	5,00	5,00
... mit niedriger laufender Verzinsung				
AXA/Dt. Ärztevers.	3,60	3,60	k.A.	k.A.
Inter	3,50	3,50	3,50	3,50
uniVersa	3,50	3,50	3,50	3,50
Victoria (jetzt: ERGO)	3,70	3,60	3,70	3,50
Zurich Dt. Herold	3,80	3,80	3,80	3,80

Laufende Überschussbeteiligung im Jahr in Prozent, inkl. Rechnungszins von 2,25 Prozent, ohne Schlussüberschuss und Beteiligung an den Bewertungsreserven
(Quelle: Assekurata – Studien zur Überschussbeteiligung 2010/2009/2008)

Die Mär vom Kapitalerhalt

Als großer Pluspunkt neben der hohen Förderung gilt die Kapitalerhaltsgarantie von Riester-Verträgen: Am Ende darf nicht weniger herauskommen als zuvor an Beiträgen und staatlichen Zulagen hineingeflossen ist. Doch Vorsicht: Diese Garantie gilt nur, wenn man bei einem Anbieter durchhält! Wer nach ein paar Jahren kündigt, verliert insbesondere bei Versicherungsverträgen viel Geld und bekommt in der Regel weniger heraus, als er eingezahlt hat. Schließlich werden die üppigen Abschlusskosten auf die ersten fünf Versicherungsjahre verteilt und sorgen so zunächst für schlechte Rückkaufswerte. Das muss der neue Anbieter erst einmal wieder

Tipp: Nutzen Sie die Vorteile des Mini-Riesterns

Vielfach wird behauptet, dass sich ein Riester-Vertrag für Ältere nicht mehr lohnt. Das ist Unsinn. Fakt ist, dass für Sparer, die älter als 50 sind, der Zeitraum tatsächlich zu kurz ist, um sich eine ausreichende Zusatzrente aufzubauen. Doch gerade hierin liegt auch eine Chance: Wer nur eine Kleinbetragsrente zu erwarten hat, kann sich diese Rente auf einen Schlag auszahlen lassen. Derzeit liegt diese Grenze bei 25,55 Euro im Monat (Stand: 2010). Wer also spät mit dem Riestern beginnt, sollte diese Grenze im Blick haben. Unter Umständen lohnt es sich sogar, bewusst seine Einzahlungen zu minimieren und nicht etwa über die 4 Prozent seines Bruttoeinkommens hinaus aufzustocken. Oder den Start der Riester-Rente vorzuziehen, falls man Gefahr läuft, die kritische Grenze zu überschreiten.

hereinholen. Und im Übrigen: Wenn es sich wieder um eine Versicherung handelt, fallen erneut Abschlusskosten an.

Kündigungen kommen bei Riester-Versicherungen sehr häufig vor: 2008 wurden rund 1,6 Millionen neue Verträge geschlossen, aber auch rund 500.000 Verträge gekündigt. Außerdem stellt sich die Frage, ob bei sehr lange laufenden Verträgen der Ausdruck „Kapitalerhalt" seinen Namen überhaupt verdient. Wenn nach 30 Jahren Einzahlungen gerade mal so viel zur Verfügung steht, wie zuvor eingezahlt wurde, hat sich das Kapital bei einer durchschnittlichen Inflation tatsächlich halbiert!

Berufsunfähigkeit über Riester sichern

Wenig bekannt ist, dass man mit Riester auch einen Berufsunfähigkeitsschutz aufbauen kann. Allerdings dürfen maximal 15 Prozent des Gesamtbeitrags in diesen Schutz fließen. Wer jedoch die maximal förderfähigen 2.100 Euro im Jahr einbringt, kann so immerhin 315 Euro in eine Berufsunfähigkeitsversicherung investieren. Junge, gesunde Versicherte in kaufmännischen Berufen können bei sehr günstigen Anbietern hierfür schon eine spätere Berufsunfähigkeitsrente in Höhe von 1.000 Euro versichern.

Betrieblich riestern

Auch im Rahmen der betrieblichen Altersversorgung (bAV) können Sie riestern. Doch ist das zumindest für gesetzlich Krankenversicherte nicht attraktiv. Denn anders als sonst in der bAV üblich bleiben die Einzahlungen nur steuerfrei und nicht auch sozialabgabenfrei. Mit der Folge, dass die Versicherten sowohl für ihre Einzahlungen als auch für die späteren Renten Krankenkassenbeiträge zahlen müssen. Besser ist es da, die Einzahlungen in die betriebliche Altersversorgung ohne Riester-Förderung zu leisten. Dann bleiben die Einzahlungen sozialabgabenfrei (siehe Kapitel „Betriebliche Altersversorgung“, ab Seite 65).

Trick für Beamte

Beamte und Angestellte sollten beim Riestern eigentlich gleichgestellt sein. Beide sind unmittelbar förderfähig und bekommen die vollen Zulagen nur, wenn sie den vollen Eigenbeitrag leisten. Eigentlich. Denn es gibt für Beamte einen einfachen Trick, wie sie sich ihre Eigenbeiträge sparen und dennoch die Zulage kassieren können. Bedingung: Sie müssen einen Ehepartner haben, der tatsächlich selbst Riester-Beiträge zahlt. Der Beamte hat dann die Wahl, ob er selbst auch zahlt oder als mittelbar Förderfähiger nur die Zulage beantragt.

Geregelt ist das in § 10a Einkommensteuergesetz (EStG): Während bei normalen Riester-Sparern die staatliche Zulagenstelle ZfA jährlich problemlos das Einkommen bei der Deutschen Rentenversicherung abfragt, müssen Beamte für eine solche Abfrage eine formelle Einverständniserklärung gegenüber ihrer Besoldungsstelle abgeben. Und jetzt kommt's: Tun sie es nicht, werden Beamte automatisch abgeleitet förderberechtigt – falls sie einen Ehepartner haben, der schon riestert – und müssen nichts zahlen. So kommen auch originär Förderberechtigte „kostenlos“ zur Zulage. Auch beim Riestern gilt: Manche sind eben doch gleicher als andere.

Unisex-Tarife und wem sie nutzen

Seit 2006 gilt für alle neuen Riester-Verträge: Es dürfen nur noch Unisex-Tarife angeboten werden. Das heißt, dass Männer und Frauen bei neu geschlossenen Verträgen gleich hohe Renten bekommen. Die unterschiedlich hohe Lebenserwartung spielt keine Rolle mehr. Für die Frauen bedeutet dies eine Verbesserung, sie bekommen dank der Neuregelung höhere Renten. Männer bekommen dagegen weniger.

Grundsicherung: Riestern für die Katz?

Die Verunsicherung ist groß, seit das TV-Magazin „Monitor" verkündete: Millionen Sparer riestern vergeblich, weil ihre Zusatzrente später mit der staatlichen Grundsicherung verrechnet werden wird. Tatsache ist: Wer wirklich sicher ist, dass er im Alter auf die staatliche Grundsicherung angewiesen sein wird, der kann sich die Riester-Rente vermutlich schenken.

Alle anderen sollten sich aber nicht davon abhalten lassen, mit dem Riester-Sparen zu beginnen – am allerwenigsten jene, die aufgrund ihres geringen Einkommens eine besonders hohe Förderquote haben. Wer noch viele Jahre vor sich hat, kann kaum absehen, ob er tatsächlich im Alter Grundsicherung beziehen wird. Und schließlich: Niemand weiß, ob es auch in Zukunft das Grundsicherungssystem in der bisherigen Form überhaupt noch geben wird. Die meisten werden die kleine Extrarente aus dem Riester-Vertrag im Alter dringend brauchen. Und noch etwas: Wenn Sie tatsächlich wenige Jahre vor Rentenbeginn feststellen, dass Ihre Riester-Rente in der Grundsicherung „untergehen" wird, können Sie den Vertrag kündigen und das Geld verbrauchen. Sie müssen zwar die staatliche Förderung zurückzahlen. Ihre Eigenanteile und die Zinsen dürfen Sie aber behalten.

Vorzeitige Kündigung

Raus kommt man in der Regel problemlos: Eine Kündigung ist bei Riester-Verträgen meist mit einer Kündigungsfrist von maximal drei Monaten zum Quartalsende möglich. Das sollten Sie sich aber gut überlegen. In der Regel sind Storno- oder Wechselgebühren fällig. Außerdem müssen Sie die zuvor erhaltene Förderung zurückzahlen. Verhindern lässt sich das nur, wenn Sie das ausgezahlte Kapital auf einen anderen zertifizierten Riester-Vertrag übertragen. Dann werden aber erneut Abschlusskosten fällig.

Riestern im Ausland

Der Europäische Gerichtshof (EuGH) hat die Regelungen zur Riester-Rente für Grenzgänger und Rentner mit Wohnsitz im Ausland gekippt. Damit gilt: Auch Arbeitnehmer, die in Deutschland arbeiten (und hier rentenversichert sind) und im Ausland wohnen, bekommen die Riester-Förderung. Auch jene, die im Alter ihren Wohnsitz ins EU-Ausland (auch EWR: Liechtenstein, Norwegen und Island) verlegen, müssen die Riester-Förderung nicht mehr zurückzahlen.

Keine Riesterförderung erhalten seit 1.1.2010 hingegen nach neuer Rechtslage jene Personen, die in Deutschland wohnen und im Ausland arbeiten (und dort rentenversichert sind). Dieser Personenkreis genießt jedoch Vertrauensschutz und bekommt weiter die Riester-Förderung, wenn der Vertrag bereits vor dem 1.1.2010 bestand.

Erbschaft und Hinterbliebenenschutz

Bei Riester-Versicherungspolicen ist ein Vererben der Rente normalerweise nicht vorgesehen. Wer stirbt, verliert damit auch sein Kapital. Für die Einzahlphase lässt sich jedoch vereinbaren, dass der Hinterbliebene das angesparte Kapital in einen eigenen Riester-Vertrag übertragen kann. Für die Rentenphase lässt sich eine Rentengarantiezeit vereinbaren. Dann erhält der Bezugsberechtigte (meist der Ehepartner) für den noch nicht verstrichenen Zeitraum die Rente in voller Höhe weiter. Da dies aber ein Verstoß gegen das Riester-Prinzip „Lebenslange Verrentung“ darstellt, muss der Hinterbliebene die Förderung zurückzahlen. Das lässt sich nur vermeiden, wenn die noch ausstehenden Rentenzahlungen auf einen eigenen Riester-Vertrag übertragen werden. Zudem kann bereits bei Vertragsschluss eine Hinterbliebenenrente vereinbart werden. Eine solche Vereinbarung ist aber teuer und senkt die Riester-Rente deutlich. Auch bieten längst nicht alle Versicherer einen solchen Hinterbliebenenschutz an.

Einfacher funktioniert das bei Bank- und Fondssparplänen sowohl in der Einzahl- wie auch der Auszahlphase: Der Hinterbliebene kann sich das Kapital komplett auszahlen lassen, allerdings vermindert um die empfangene Riester-Förderung. Auch in diesem Fall kann er die Förderung behalten, wenn er das Kapital in einen eigenen Riester-Vertrag einzahlt.

Fazit: Prüfen Sie ernsthaft die Riester-Rente, wenn Sie zum begünstigten Personenkreis gehören. So leicht bekommen Sie sonst kein Geld vom Staat geschenkt. Legen Sie sich aber nicht sofort auf eine Versicherung als Durchführungsweg fest. Banksparpläne sind aufgrund geringerer Kosten, geringerer Verluste bei Kündigung und Vorteilen bei der Vererbung vermutlich die bessere Wahl. Fondssparpläne und fondsgebundene Versicherungen bieten vordergründig gute Renditechancen, doch die „Airbags“ zur Sicherung des Kapitalerhalts lassen die Rendite arg schmelzen. Außerdem sind diese Produkte mit hohen Kosten belastet. Wer einen Immobilienerwerb plant, „parkt“ sein Riester-Vermögen am besten in einem Riester-Banksparplan.

Für wen taugt die Riester-Rente*?

	Rente		Sparplan		Betrieblich
	Klassische	Fondsgebundene	Fonds	Bank	
Single	+ −	− −	+ −	+	− −
Paar	+ −	− −	+ −	+	− −
Familie	+	− −	−	+ +	− −

* „Wohn-Riestern“ ist bei allen Riestervarianten (Ausnahme: betriebliches Riestern) möglich und im Fall des Immobilienerwerbs unabhängig von der Familiensituation sinnvoll.

Rürup-Rente: begrenzt empfehlenswert!

Seit 2005 gibt es die Rürup-Rente. Die Versicherungswirtschaft nennt sie auch „Basisrente“. Das klingt, als wäre sie so wichtig, dass sie jeder haben sollte. Grundfalsch! Sinnvoll ist die Rürup-Rente nur für einen relativ kleinen Personenkreis, vor allem für Selbstständige und gegebenenfalls auch für gut verdienende Angestellte, die kurz vor der Rente stehen.

Bei der nach dem ehemaligen Chef des Sachverständigenrats Bert Rürup benannten Rente handelt es sich um eine private Rentenversicherung mit strengen Auflagen: Sie darf nicht beliehen, übertragen, gekündigt oder vererbt werden. Und eine Kapitalauszahlung ist generell ausgeschlossen. Anders als bei der Riester-Rente gibt es keine direkten Zulagen. Die staatliche Förderung besteht einzig darin, Einzahlungen steuerlich geltend machen zu können. Dies allerdings im Rahmen einer komplizierten Regelung mit langen Übergangszeiten. Damit ist die Rürup-Rente für die meisten ein vergleichsweise unattraktives Produkt.

Gedacht ist sie vor allem für Selbstständige und Freiberufler, die mit Ausnahme der abgeleiteten Ehepartnerförderung von der Riester-Förderung ausgeschlossen sind. Riester-Förderberechtigte müssen sich normalerweise nicht mit der Rürup-Rente beschäftigten. Einzige Ausnahme: sehr gut verdienende Angestellte kurz vor der Rente, die sich hohe Einmalzahlungen leisten können. Sie können ihre Einzahlungen heute steuerlich stärker absetzen, als ihre spätere Rente steuerlich belastet wird.

So funktioniert die Rürup-Rente

Grundsätzlich läuft es wie bei einer klassischen Privatrente: Sie zahlen entweder über einen langen Zeitraum ein und bekommen dann eine „aufgeschobene" Rente oder Sie leisten eine hohe Einmalzahlung und die Rente beginnt sofort. Es muss sich zwingend um eine lebenslange Rente handeln, also ohne jedes Kapitalwahlrecht. Gegen Aufpreis können Sie eine Hinterbliebenenrente (nur für den Ehepartner und/oder kindergeldberechtigte Kinder möglich) und/oder einen Berufsunfähigkeitsschutz vereinbaren.

Obwohl die Rürup-Rente ein rein privates Produkt ist, gelten dieselben Steuerregeln wie für die gesetzliche Altersrente. Schrittweise wird bis zum Jahr 2040 die „nachgelagerte Besteuerung" eingeführt. Nach diesem Konzept bleiben die Einzahlungen im Berufsleben steuerfrei, die späteren Renten werden hingegen voll versteuert. In der Praxis – insbesondere in der gegenwärtigen Übergangsphase – ist jedoch alles ein wenig komplizierter.

Die maximal förderfähigen Einzahlungen

Die steuerwirksamen Einzahlungen sind auf maximal 20.000 Euro pro Jahr für Alleinstehende und 40.000 Euro für Verheiratete gedeckelt. Steuerlich voll nutzen können Rürup-Sparer diese Beträge aber erst nach Ende der Übergangsphase (2025). Im Jahr 2010 sind nur 70 Prozent abzugsfähig, im Jahr 2011 sind es 72 Prozent usw. Im Jahr 2025 sind dann 100 Prozent erreicht.

> **Beispiel**
>
> Selbstständiger, alleinstehend, ohne Versorgungswerk, nicht in gesetzlicher Rentenversicherung. Einzahlung in Rürup-Rente: 20.000 Euro pro Jahr.
>
> Für 2010 ergibt sich: 70 Prozent von 20.000 Euro sind steuerlich abzugsfähig = 14.000 Euro. Bei einem Grenzsteuersatz von 40 Prozent ergibt sich eine Steuerersparnis von ca. 5.600 Euro. Von den 20.000 Euro Einzahlungen zahlt er also 14.400 Euro selbst. 2011 kann er bereits 72 Prozent, also 14.400 Euro absetzen. Seine Steuerersparnis steigt auf 5.760 Euro. Alle Einzahlungen über 20.000 Euro bringen keinen weiteren Vorteil.

Eingeschränkt werden die förderfähigen Rürup-Einzahlungen durch alle Beiträge für berufsständische Versorgungswerke und gesetzliche Altersrente. Angestellte müssen die gesamten Beiträge zur gesetzlichen Rentenversicherung (auch den Arbeitgeberbeitrag!) zunächst vom Maximalbetrag (20.000 Euro/40.000 Euro) abziehen. Und auch Selbstständige, die bereits in ein Versorgungswerk einzahlen oder freiwillig in der staatlichen Rentenkasse geblieben sind, müssen diese Einzahlungen abziehen. Beispiele hierzu finden Sie im Kapitel „Steuern und Abgaben“, ab Seite 119.

Übrigens: Beamte und Gesellschafter-Geschäftsführer, die nicht rentenversicherungspflichtig sind, werden bei der Rürup-Rente den Angestellten gleichgestellt. Soll heißen: Auch wenn sie faktisch keinen Cent in die Rentenkasse einzahlen, wird ihre Möglichkeit, den Höchstbetrag von 20.000 Euro (bzw. 40.000 Euro bei Verheirateten) auszuschöpfen, um einen fiktiven Gesamtbeitrag zur gesetzlichen Rentenversicherung vermindert. Es wird also so getan, als zahlten sie in die Rentenkasse (Arbeitnehmer- und Arbeitgeberanteil) ein.

So viel Rente bringt Rürup

Orientieren Sie sich bei der Auswahl primär an der Höhe der garantierten Rente. Die Plausibilität der Prognoserente hängt davon ab, dass der Anbieter zuverlässig über viele Jahre hohe Kapitalerträge erwirtschaftet und an seine Kunden weitergibt (siehe Kapitel „So finden Sie einen guten Lebensversicherer“, ab Seite 148).

Wenn Sie heute 40 sind und 27 Jahre lang jährlich 12.000 Euro einzahlen, so erhalten Sie als Frau mit 67 von sehr guten Anbietern eine garantierte Rürup-Rente von rund 1.500 Euro. Männer bekommen für dieselben Einzahlungen mit rund 1.700 Euro Garantierente

Starke Anbieter für Frauen

Rürup-Rente

Vorgaben: Frau, Eintrittsalter 40 Jahre, Laufzeit 27 Jahre, Versicherungsbeginn 1.4.2010, monatlicher Beitrag 1.000 Euro, volldynamische Rente, kein Todesfallschutz in der Aufschubzeit und Rentenbezugszeit, 5 Sterne im M&M LV-Unternehmensrating

Gesellschaft	Tarif	garantierte Rente in Euro	mögliche Rente im 1. Jahr in Euro
Asstel	RMA300PN	1.579	2.385
CosmosDirekt	RBA	1.560	2.478
Europa	E-R1B	1.556	2.497
Debeka	BA3	1.548	2.422
Allianz	BVR1	1.500	2.256
Volkswohl Bund	BSR	1.497	2.359
R+V	LA	1.477	2.236

Sortierung nach der garantierten Rente im ersten Jahr
(Quelle: MORGEN & MORGEN GmbH; LV-WIN 7.53; Stand April 2010; ID L10037)

Starke Anbieter für Männer

Rürup-Rente

Vorgaben: Mann, Eintrittsalter 40 Jahre, Laufzeit 27 Jahre, Versicherungsbeginn 1.4.2010, monatlicher Beitrag 1.000 Euro, volldynamische Rente, kein Todesfallschutz in der Aufschubzeit und Rentenbezugszeit, 5 Sterne im M&M LV-Unternehmensrating

Gesellschaft	Tarif	garantierte Rente in Euro	mögliche Rente im 1. Jahr in Euro
Asstel	RMA300PN	1.752	2.672
CosmosDirekt	RBA	1.728	2.747
Europa	E-R1B	1.725	2.771
Debeka	BA3	1.714	2.689
Allianz	BVR1	1.664	2.503
Volkswohl Bund	BSR	1.659	2.629
R+V	LA	1.637	2.488

Sortierung nach der garantierten Rente im ersten Jahr
(Quelle: MORGEN & MORGEN GmbH; LV-WIN 7.53; Stand April 2010; ID L10036)

etwas mehr, weil sie statistisch gesehen kürzer leben und das Kapital nicht so lange reichen muss. Inklusive Überschussbeteiligung kalkulieren sehr gute Versicherer für Frauen mit rund 2.400 Euro Rente und für Männer mit rund 2.700 Euro.

Die Vorteile

Für Selbstständige und Freiberufler ist eine Rürup-Rente bei Neuverträgen (seit 1.1.2005) die einzige Möglichkeit, sich steuerbegünstigt eine Altersversorgung aufzubauen. Ein unbestreitbarer Vorteil ist der Schutz vor einer vorzeitigen Verwertung: Weder Gläubiger im Fall einer Insolvenz noch die Agentur für Arbeit (bei Hartz-IV-Bezug) haben Zugriff auf das Vermögen im Rürup-Vertrag.

Weiterer Pluspunkt: Sie können sich mit einem Rürup-Vertrag steuerbegünstigt gegen Berufsunfähigkeit absichern. Allerdings darf die versicherte Berufsunfähigkeitsrente maximal so hoch sein wie die versicherte Altersrente. Außerdem dürfen für Berufsunfähigkeits- und Hinterbliebenenschutz maximal 49 Prozent des Gesamtbeitrags verwendet werden.

Die Nachteile

Rürup-Verträge sind extrem unflexibel: Eine Kapitalauszahlung ist grundsätzlich nicht möglich. Und die Rente kann frühestens mit 60 beginnen.

Sie können einen Rürup-Vertrag nicht kündigen. Wenn Sie in der Ansparphase feststellen, dass Ihre Entscheidung falsch war oder dass Sie ganz dringend Geld brauchen, haben Sie keinen Anspruch auf den Rückkaufswert. Sie müssen bis zur Rente warten. Und es kann sogar sein, dass Ihr Kapital ganz weg ist. Dies ist dann der Fall, wenn eine beitragsfreie Weiterführung bis zum Rentenbeginn an einen Mindestrückkaufswert gekoppelt ist. Ist also zu wenig Geld im Vertrag, bekommen Sie nichts. Das kann im Todesfall auch Ihren Erben passieren: Haben Sie keinen (kostenpflichtigen) Hinterbliebenenschutz vereinbart, fällt im Todesfall das Geld an die Versicherung. Das gilt sowohl in der Anspar- als auch in der Auszahlphase.

Keinen Sinn

Der Hamburger Versicherungsberater Rüdiger Falken rät seinen Mandanten von der Rürup-Rente ab: „Ich kann mir kaum eine Konstellation vorstellen, in der ein solch unflexibles und unrentables Produkt wirklich sinnvoll sein könnte. Wer sein Geld in einen Rürup-Vertrag investiert, kann über dieses Geld nie wieder frei verfügen."

Fazit: Für Arbeitnehmer ist die Rürup-Rente bei Weitem nicht so attraktiv wie die Riester-Rente oder eine betriebliche Entgeltumwandlung. Beide sind bis zu gewissen Höchstgrenzen bereits heute zu 100 Prozent steuerbegünstigt oder bringen Kleinverdienern sogar direkte Zulagen. Die sehr unflexiblen Regelungen der Rürup-Rente lassen sogar ungeförderte Kapitallebensversicherungen und Privatrenten attraktiver erscheinen. Damit können Sie sich im Alter Ihr Geld komplett auszahlen lassen und die Steuerbelastung ist deutlich geringer als bei der Rürup-Rente.

Für wen taugt die Rürup-Rente?

	klassisch	fondsgebunden
Selbstständige/Freiberufler	+ −	− −
Selbstständige/Freiberufler, Sonderfall: rentennah, hohe Einmalzahlung	+	− −
Arbeitnehmer	− −	− −
Arbeitnehmer, Sonderfall: rentennah mit hohem Einkommen	+ −	− −

Betriebliche Altersversorgung: richtig Fahrt aufnehmen!

Stellen Sie sich vor, der Staat schießt regelmäßig die Hälfte zur Altersvorsorge zu, und die Empfänger winken dankend ab. Kann nicht sein? Doch! Es handelt sich um die betriebliche Altersversorgung (bAV). Darauf haben Arbeitnehmer sogar ein gesetzliches Anrecht. Tatsächlich nutzt aber nur jeder Zweite in der privaten Wirtschaft diese Möglichkeit. Arbeitnehmern scheint die betriebliche Altersversorgung ein Buch mit sieben Siegeln zu sein und viele Arbeitgeber machen schlicht keine Angebote, weil sie offenbar nicht erkennen, dass die „Betriebliche" auch ihnen nutzt. Erstaunlich auch, dass Gewerkschaften und Betriebsräte dieses Spielfeld nicht stärker für sich entdeckt haben.

Denn Tatsache ist, dass die „Betriebliche" die am stärksten geförderte Altersversorgung überhaupt ist. Außerdem läuft das Geschäft direkt zwischen den Versorgungswerken und den Betrieben. Das ist kostengünstig und sorgt für eine gute Rendite. Auch wenn in Einzelfällen überzogene Versprechungen zurückgenommen werden mussten, bleibt das Angebot dennoch attraktiv. Genug Gründe also, die Vorteile der betrieblichen Altersversorgung beim Chef einzufordern.

Betriebsrente statt Lohnerhöhung

Betriebsrenten lohnen sich – auch für den Betrieb. Sie sind wesentlich billiger als Lohnerhöhungen und am Ende kommt beim Arbeitnehmer mehr an. Die einfache Überlegung: Soll ein Mitarbeiter brutto 1.000 Euro mehr pro Jahr erhalten, so kostet dies den Betrieb durch die Lohnnebenkosten effektiv rund 1.300 Euro. Beim Arbeitnehmer kommen aber wegen des Steuer- und Sozialabgabenabzugs oft weniger als 500 Euro an. Die Alternative: Zahlt der Betrieb 1.000 Euro zugunsten des Arbeitnehmers zum Beispiel in eine Pensionskasse oder Direktversicherung, kommt das ungeschmälert dem Arbeitnehmer zugute und der Betrieb spart noch 300 Euro. Das gilt keineswegs nur für Besserverdiener, sondern sogar auch für Minijobber. Die können dank Entgeltumwandlung mehr arbeiten und behalten dennoch die Sozialversicherungsfreiheit.

*** Beispiel Minijobber**

Will ein Chef, dass eine 400-Euro-Kraft zehn Stunden länger als bisher arbeitet und muss er hierfür 150 Euro mehr zahlen, so kostet ihn das nicht 550 Euro, sondern unterm Strich rund 700 Euro, und auch der Arbeitnehmer wird durch Sozialabgaben von rund 87 Euro belastet. Die Alternative: Zahlt der Betrieb die 150 Euro monatlich voll in eine Betriebsrente, so baut sich für den Arbeitnehmer eine Zusatzrente auf. Und die 400 Euro erhält er weiter „brutto für netto“. Hinweis: Zwar entsteht durch die Sozialversicherungsfreiheit kein Anspruch auf gesetzliche Rente, doch wird dies durch die Betriebsrente vermutlich mehr als ausgeglichen.

Wege zur Betriebsrente

Es gibt fünf Durchführungswege der betrieblichen Altersversorgung:

- Direktzusage
- Unterstützungskasse
- Direktversicherung

- Pensionskasse
- Pensionsfonds

Der Klassiker ist die Direktzusage, verbreitet vor allem in großen Betrieben. Der Arbeitgeber sagt dem Arbeitnehmer abhängig von der Dauer der Betriebszugehörigkeit eine Rente zu. Dafür bildet das Unternehmen eine Rückstellung. Der Arbeitnehmer muss nichts einzahlen und wird im Alter für seine Betriebstreue belohnt.

Da sich die Unternehmen aus den rein arbeitgeberfinanzierten Betriebsrentenmodellen immer mehr zurückziehen, gewinnen die vier anderen Wege an Bedeutung: Unterstützungskasse, Direktversicherung, Pensionskasse und Pensionsfonds. Die Betriebe bedienen sich in diesen Fällen externer Versorgungsträger.

Diese vier Arten der Betriebsrente werden in der Regel entweder von Arbeitgeber und Arbeitnehmer gemeinsam oder allein vom Arbeitnehmer finanziert. Selbst das ist für Arbeitnehmer lukrativ, weil die Einzahlungen in die Betriebsrente in der Regel steuer- und sozialabgabenfrei sind. Viele Arbeitnehmer zahlen deshalb effektiv nur die Hälfte für ihre Altersversorgung aus der eigenen Tasche. Die Betriebsrente ist also ein lukratives Steuer- und Abgabensparmodell, das auch Durchschnitts- und Mittelverdienern nutzt.

Wer finanziert die Betriebsrente?

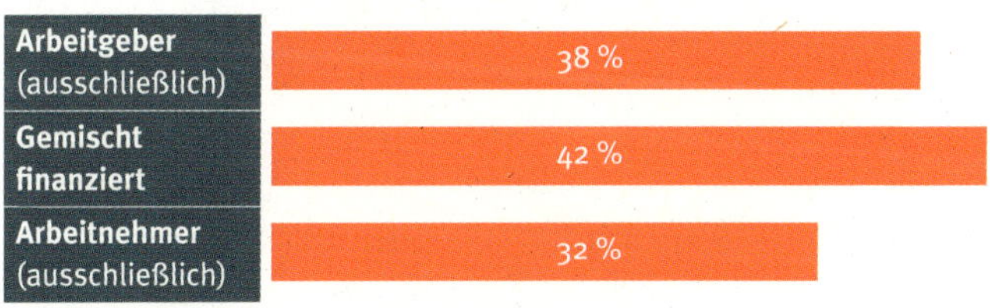

Hinweis: Die Prozentwerte addieren sich zu mehr als 100 Prozent, weil in den Betrieben oft mehrere Finanzierungsformen nebeneinander bestehen. (Quelle: Arbeitsgemeinschaft für betriebliche Altersversorgung (aba)).

Wer spart wie viel?

Abhängig von Einkommen und Familienstand ergibt sich durch die Umwandlung von jährlich 1.200 Euro folgender Nettoaufwand (= Eigenanteil) bzw. eine jährliche Ersparnis an Steuern und Sozialabgaben in Höhe von:

Jahreseinkommen	Eigenanteil in Euro	Ersparnis in Euro	Ersparnis in %
Ledige			
30.000	634,47	565,53	47,1
40.000	590,16	609,84	50,8
50.000	610,15	589,85	49,2
60.000	557,40	642,60	53,6
100.000	668,28	531,72	44,3
Verheiratete			
30.000	709,30	490,70	40,9
40.000	674,56	525,44	43,8
50.000	728,31	471,69	39,3
60.000	700,88	499,12	41,6
100.000	708,37	491,63	41,0

Berechnungen beruhen auf den im Jahr 2010 gültigen Arbeitnehmeranteilen zur Sozialversicherung; Steuern inklusive Solidaritätszuschlag, ohne Kirchensteuer.
(Quelle: ALTE LEIPZIGER)

So funktioniert die betriebliche Altersversorgung

Formal gilt der Arbeitgeber immer als Einzahler. Versicherte Person und Bezugsberechtigter ist hingegen der Arbeitnehmer. Der Arbeitgeber muss zum Rentenbeginn für die Betriebsrente geradestehen, ganz gleich ob er sie per Direktzusage selbst zusagt oder sich einer Unterstützungskasse, einer Pensionskasse, eines Pensionsfonds oder einer Direktversicherung bedient.

Obwohl also der Arbeitgeber formal Beitragszahler ist, trägt doch der Arbeitnehmer faktisch meist die Beitragslast: Teile des Bruttoentgelts (Lohn oder Gehalt) werden umgewandelt, bevor es vom Arbeitgeber ausgezahlt wird, daher der Begriff „Entgeltumwandlung".

Der Vorteil: Die Einzahlungen in die Betriebsrente erfolgen „brutto für netto“, sie bleiben sowohl steuer- als auch sozialabgabenfrei. Im Grundsatz gilt das bis zu einer bestimmten Grenze: 4 Prozent der jährlichen Beitragsbemessungsgrenze in der gesetzlichen Rentenversicherung (2010: 2.640 Euro). Es sind aber unter bestimmten Voraussetzungen noch höhere steuerfreie Einzahlungen möglich (siehe Kapitel „Steuern und Abgaben“, ab Seite 106).

Grundsätzlich sollte auch jeder Arbeitgeber ein Interesse an der Entgeltumwandlung haben: Schließlich spart er den Arbeitgeberanteil an der Sozialversicherung. In vielen Fällen gibt der Chef diesen Vorteil an den Arbeitnehmer weiter und beteiligt sich an den Einzahlungen. Ein Wermutstropfen bleibt: In der späteren Bezugsphase sind Betriebsrenten voll steuerpflichtig. Für gesetzlich Krankenversicherte fallen außerdem die vollen Kranken- und Pflegeversicherungsbeiträge an (siehe auch Kapitel „Steuern und Abgaben“, Seite 125).

Wer hat Anspruch?

Alle sozialversicherungspflichtigen Arbeitnehmer haben seit dem 1.1.2002 einen gesetzlichen Anspruch auf eine Betriebsrente durch Entgeltumwandlung. Das heißt: Jeder Arbeitnehmer kann von seinem Chef verlangen, dass ein Teil seines Bruttogehaltes direkt in eine betriebliche Altersversorgung fließt. Der Arbeitgeber kann sich an der Finanzierung beteiligen, muss es aber nicht. Bietet der Betrieb von sich aus keinen Durchführungsweg an, kann der Arbeitnehmer zumindest den Abschluss einer Direktversicherung verlangen. Angeboten werden Direktversicherungen von Lebensversicherungsunternehmen.

Auch die Angestellten des öffentlichen Dienstes haben ein Recht auf Entgeltumwandlung. Zwar erwerben sie bereits eine Art Betriebsrente aus öffentlichen Zusatzversorgungssystemen, wie zum Beispiel der VBL. Diese sichert allerdings nicht mehr wie früher das letzte Gehalt zu einem hohen Prozentsatz ab (Gesamtversorgungszusage). Deshalb sollten auch Beschäftigte des öffentlichen Dienstes über die Entgeltumwandlung nachdenken. Bislang ist dies tarifvertraglich aber nur für die Bediensteten von Kommunen und Ländern geregelt. Angeboten wird die Entgeltumwandlung dann vom zuständigen Träger der öffentlichen Zusatzversorgung. Den rund 150.000 Bundesbeschäftigten bleibt die Umsetzung ihres gesetzlichen Anspruchs bislang noch verwehrt. Beamte und Selbstständige können die Entgeltumwandlung nicht nutzen.

Unflexibel, aber sicher!

Normalerweise beginnt die Betriebsrente zeitgleich mit der gesetzlichen Rente, sie darf aber auch schon früher starten. Voraussetzung ist jedoch ein Mindestalter von 60 Jahren. Früher kommen Sie an Ihr Kapital aus einer betrieblichen Altersversorgung nicht heran. Es ist nicht möglich, vorzeitig zu kündigen und den Rückkaufswert einzustreichen. Allenfalls können Sie den Vertrag beitragsfrei stellen. Dann zahlen Sie nichts mehr ein und der Vertrag wird auf dem erreichten Niveau weitergeführt bis zur Rente. Dafür ist Ihr Kapital sicher vor Pfändungen und wird auch im Fall von Hartz-IV-Bezug nicht angetastet.

Wie hoch ist die Betriebsrente?

Derzeit bekommen in der Privatwirtschaft (West) Männer im Schnitt 500 Euro, Frauen lediglich 228 Euro monatlich (Quelle: aba). In den neuen Bundesländern ist es deutlich weniger: Männer 231 Euro – Frauen 81 Euro monatlich. Diese Renten werden meist noch aufgrund einer voll arbeitgeberfinanzierten Direktzusage gezahlt. Oft ist auch ein Hinterbliebenenschutz eingeschlossen, das heißt, im Todesfall erhält der überlebende Ehepartner einen Teil der Betriebsrente weiter.

Bei den durch Entgeltumwandlung gespeisten Systemen hängt die Höhe der Betriebsrente vor allem von zwei Faktoren ab: dem

GILLMEISTER
Bücher * Papeterie * Galerie
Breite Str. 8+10 / Echternplatz 17
31224 Peine
Tel. 05171/7676-0 Fax: 7676-76

Lieferschein
1006001285

Kunde: 111111
Gillmeister
Eigenbedarf
*
* *

Abholer: Herr Wöbbeking, Ostring 15, 312
4
Ilysede

Datum 09-NOV-10 Zeit 11:03
BonNr. 001006066407 Kasse 001006

ArtikelNr.	Anz.	Einzel	per	MwSt	Gesamt
Bezeichnung					
978394058047	1	9,25	1	7%	9,25EUR
Privatrenten und Lebensversich e					

Ware ordnungsgemäß erhalten:

18.11.10

Preise ohne MwSt.
Es bediente Sie: Frau Künnecke
Vielen Dank für Ihren Einkauf!

Anbieter und der Summe der Einzahlungen. Wer als Mann 35 Jahre lang monatlich 100 Euro in eine Direktversicherung oder Pensionskasse eines Lebensversicherers einzahlt, kann ab 67 mit einer garantierten Rente von monatlich deutlich über 200 Euro rechnen. Prognostiziert werden inklusive Überschüssen rund 350 Euro monatlich.

Klassische Pensionskassen sagen deutlich mehr zu. So verspricht die Kölner Pensionskasse garantierte 371,77 Euro. Der Grund dafür ist, dass klassische Pensionskassen anders als die Pensionskassen der Lebensversicherer mit geringeren Lebenserwartungen (Heubecktafeln) kalkulieren. Das erhöht die garantierte Rente (siehe auch Kapitel „Sterbetafeln", ab Seite 95).

Noch bessere Angebote bekommen Angehörige des öffentlichen Dienstes: So bietet VBLextra nach 35 Jahren mit monatlich 100 Euro Einzahlungen einem Mann ab Alter 67 eine Garantierente in Höhe von 444 Euro. Einer gleichaltrigen Frau würden aufgrund der längeren Lebenserwartung allerdings nur 351 Euro garantiert.

Die hohen garantierten Leistungen in der öffentlichen Zusatzversorgung haben drei Gründe:

1. geringe Kosten,
2. die Kalkulation mit geringeren Lebenserwartungen,
3. ein höherer Rechnungszins (2,75 Prozent), als ihn die Lebensversicherer derzeit garantieren (2,25 Prozent).

Lebensversicherer bezeichnen die Garantien von klassischen Pensionskassen und Trägern öffentlicher Zusatzversorgung als „Garantien zweiter Klasse", weil diese ihre Garantieleistungen notfalls kürzen dürfen (Sanierungsklausel). Allerdings greift die Sanierungsklausel nur, wenn eine wirtschaftliche Schieflage den Bestand der Institution gefährdet. In einigen Fällen ist dies auch schon passiert: Mit Genehmigung der Versicherungsaufsicht (BaFin) wurden bereits zugesagte Rentensteigerungen aus der Überschussbeteiligung von Pensionskassen wieder zurückgenommen. In laufende Rentenzahlungen darf jedoch nicht eingegriffen werden.

Eingeschränktes Fördervolumen

In einigen Fällen steht Ihnen allerdings nicht das volle Volumen (von derzeit 2.640 Euro im Jahr) für eigene Einzahlungen zur Verfügung. Und zwar immer dann, wenn Ihr Arbeitgeber bereits Einzahlungen in kapitalgedeckte Versorgungswerke steuerbegünstigt leistet. Zahlt also Ihr Arbeitgeber zu Ihren Gunsten bereits 1.200 Euro pro Jahr ein, so bliebe Ihnen nur noch ein Spielraum von 1.440 Euro für eine steuer- und abgabenfreie Gehaltsumwandlung. Generell davon betroffen sind beispielsweise öffentlich Bedienstete in Ostdeutschland und Mitglieder in kirchlichen Versorgungswerken, da dort die Arbeitgeberbeiträge für die Zusatzversorgung in der Regel in kapitalgedeckte Systeme fließen.

Tipp: So retten Sie das Kindergeld!

Kindergeld gibt es nur, solange das Kind selbst nicht mehr als 8.924 Euro verdient (8.004 Euro Steuerfreibetrag plus 920 Euro Werbungskostenpauschale, Stand 2010). Liegt das Einkommen auch nur einen Euro darüber, muss das gesamte Kindergeld für das betreffende Jahr zurückgezahlt werden. Und ohne Kindergeld gibt es fürs Kind auch keine Riester-Zulage. Für Kinder, die sich schon in einer beruflichen Ausbildung befinden, gibt es ein einfaches Mittel, sowohl Kindergeld als auch Riester-Zulage der Eltern zu retten: die Entgeltumwandlung. Da bis zu 4.440 Euro (Stand 2010) steuerfrei umgewandelt werden können, könnte ein Azubi also bis zu 13.364 Euro (8.924 Euro + 4.440 Euro) verdienen – Kindergeld und Riester-Zulage blieben dennoch erhalten.

Die Durchführungswege im Vergleich

Direktzusage: Das Beste, was einem Arbeitnehmer passieren kann, ist natürlich die Direktzusage für eine voll arbeitgeberfinanzierte Betriebsrente. Wer mindestens fünf Jahre im Betrieb war und das 25. Lebensjahr erreicht hat, erwirbt eine „unverfallbare Anwartschaft“ auf die zugesagte Leistung, auch wenn er das Unternehmen dann verlässt. So kann es sein, dass ein Arbeitnehmer später von mehreren Ex-Arbeitgebern Betriebsrenten erhält. In vielen Versorgungsordnungen sind auch Zahlungen bei Berufsunfähigkeit und ein Hinterbliebenenschutz vorgesehen. Auch die Entgeltumwandlung durch den Arbeitnehmer ist im Rahmen der Direktzusage möglich, sogar unbegrenzt steuerfrei. Die laufenden Renten müssen regelmäßig an die gestiegenen Lebenshaltungskosten angepasst werden, es sei denn der Arbeitgeber hat sich verpflichtet, die Betriebsrente jährlich und unabhängig von der Inflationsrate um 1 Prozent zu erhöhen. Betriebsrenten sind sicher: Selbst wenn das Unternehmen pleite gehen sollte, sichert der Pensions-Sicherungs-Verein (PSV) die Rentenzahlungen.

Unterstützungskasse: Hierbei handelt es sich um ein rechtlich selbstständiges Versorgungswerk, das von einem oder mehreren Unternehmen getragen wird (häufig „U-Kasse" genannt). Besondere Vorteile bietet es gut verdienenden Arbeitnehmern, denn in eine U-Kasse kann man Beiträge in unbegrenzter Höhe steuerfrei einzahlen. Sozialversicherungsfrei sind die Einzahlungen jedoch wie bei den anderen Durchführungswegen nur bis zu einer Höhe von 4 Prozent der aktuellen jährlichen Beitragsbemessungsgrenze der Rentenversicherung (2010: 2.640 Euro). Ein Berufsunfähigkeits- und Hinterbliebenenschutz ist problemlos versicherbar. So bietet sich die Möglichkeit, eine Berufsunfähigkeitsrente in beträchtlicher Höhe voll steuerbegünstigt zu vereinbaren. Bei der Unterstützungskasse ist genau wie bei der Direktzusage eine Zusage auf eine Kapitalauszahlung im Rentenalter problemlos möglich. Reichen die Mittel der U-Kasse zur Finanzierung der Betriebsrente später nicht aus, muss der Arbeitgeber die Lücke auffüllen. Die Rentenansprüche sind zudem im Fall einer Insolvenz durch den Pensions-Sicherungs-Verein (PSV) geschützt.

Direktversicherung: Die Direktversicherung ist mit über 6 Millionen Verträgen die beliebteste Form der Entgeltumwandlung. Sie hat nichts zu tun mit einer Direktversicherung im Sinn eines Direktvertriebs ohne Außendienst.

Vielmehr handelt es sich hierbei um das Produkt „Privatrente" eines Lebensversicherers, allerdings speziell getrimmt auf die Anforderungen der betrieblichen Altersversorgung. Traditionell werden viele solcher Verträge aus Sonderzahlungen wie Weihnachts- und Urlaubsgeld bedient, eben „direkt" aus dem Bruttoentgelt. Die Zahlungen bleiben steuer- und sozialabgabenfrei. Anders bei Verträgen, die vor dem 1.1.2005 geschlossen wurden: Hier ist in der Einzahlphase eine günstige pauschalierte Besteuerung möglich. Falls dann im Alter eine einmalige Kapitalauszahlung erfolgt, bleibt diese Auszahlung steuerfrei (siehe Kapitel „Steuern und Abgaben", ab Seite 122).

Pensionskasse: Zu unterscheiden ist hier zwischen klassischen Pensionskassen, die oft schon seit vielen Jahrzehnten tätig sind, und den Pensionskassen der Lebensversicherer, die oft erst wenige Jahre alt sind. Beide gelten als Versicherungen. Klassische Pensionskassen sind häufig Vereine auf Gegenseitigkeit und arbeiten sehr kostengünstig. Sie dürfen mit Erlaubnis der Versicherungsaufsicht BaFin einen höheren Rechnungszins als Lebensversicherer garantieren. Außerdem verwenden sie bei ihren Sterblichkeitsannahmen die Heubecktafeln (siehe Kapitel „Sterbetafeln", ab Seite 95). Beides führt dazu, dass klassische Pensionskassen höhere Renten zusagen können als die Pensionskassen der Versicherungsunternehmen.

Pensionsfonds: Anders als Pensionskassen und Direktversicherungen dürfen Pensionsfonds, der jüngste Spross in der betrieblichen Altersversorgung, vollständig in Aktien investieren. Sie sind mit großen Hoffnungen gestartet, haben bis heute jedoch keine große Bedeutung – angesichts zweier Aktiencrashs allein in den vergangenen zehn Jahren wohl auch kein Wunder. Gegen eine allzu riskante Anlagepolitik ist man bei deutschen Pensionsfonds jedoch geschützt. Zu Rentenbeginn müssen sie zumindest die eingezahlten Beiträge garantieren. Diese werden dann in eine Rente umgewandelt. Eine solche Beitragsgarantie erfordert natürlich Sicherungsmechanismen, die die Renditechancen enorm begrenzen. Ob also am Ende mehr herausspringt, bleibt zweifelhaft. Was Steuern und

Sozialabgaben angeht, gelten dieselben Grundregeln wie für Pensionskassen und Direktversicherung: Abgabenfreiheit für die Einzahlungen in bestimmten Grenzen – im Alter dafür die volle Belastung (mehr im Kapitel „Steuern und Abgaben“, ab Seite 122).

Besonderheiten

Abschlusskosten: Die Abschlusskosten sind bei klassischen Pensionskassen und den Versorgungswerken für den öffentlichen Dienst sehr niedrig oder fallen gar nicht an – ein Vorteil. Bei Direktversicherungen und von Lebensversicherern betriebenen Pensionskassen gibt es oft Rabatte, je mehr Arbeitnehmer in einem Betrieb mitmachen. Manchmal bieten Versicherer auch Tarife, in denen die Abschlusskosten gleichmäßig auf die gesamte Laufzeit verteilt werden („ungezillmerte“ Tarife). Der Vorteil: Ihre Anwartschaften bauen sich deutlich schneller auf, weil Ihr Vertrag nicht zu Beginn mit hohen Kosten belastet wird.

Extras: Aufpassen sollten Sie, wenn die Betriebsrente einen Hinterbliebenen- und/oder Berufsunfähigkeitsschutz einschließt. Solche Leistungen sind natürlich nicht kostenlos zu haben und die garantierte Rente kann dadurch deutlich niedriger ausfallen. Dennoch kann eine mitversicherte Berufsunfähigkeitsrente ein großer Vorteil sein – insbesondere für alle, die schon Vorerkrankungen haben und sich nur auf diese Weise einen Berufsunfähigkeitsschutz sichern können, weil in solchen Verträgen keine oder nur eingeschränkte Gesundheitsfragen gestellt werden.

BU-Schutz durch Betriebsrente

Dr. Thomas Frank (Verband Betriebliche Versorgungswerke für Unternehmen und Kommunen): „Noch viel zu wenig wird die Chance genutzt, das Risiko Berufsunfähigkeit (BU) über die Betriebsrente abzusichern. Im Rahmen einer solchen kollektiven Absicherung bekommen die Arbeitnehmer einen günstigen BU-Schutz oft ohne Gesundheitsprüfung. Der Vorteil: Auch Personen, die sonst aufgrund von Vorerkrankungen, wie Rückenleiden oder Allergien, nur schwer eine Absicherung bekommen hätten, sind damit versichert. Und obendrein sparen sie Steuern und Sozialabgaben."

Kapitalisierung: Die Vereinbarung einer vollen Kapitalabfindung zu Rentenbeginn ist vertraglich nur bei Direktzusage und Unterstützungskasse möglich. Steuerlich profitieren Sie in diesem Fall bei der Auszahlung von der fiktiven „Fünftelung" (siehe Kapitel „Steuern und Abgaben", Seite 126). Bei Pensionskasse und Direktversicherung können Sie – so der Anbieter dies satzungsgemäß vorsieht – ein Jahr vor Rentenbeginn eine 100-prozentige Kapitalabfindung beantragen. Sie sollten den Antrag nicht eher stellen, weil ab diesem Zeitpunkt Ihre Einzahlungen nicht mehr steuerfrei bleiben. Bei Pensionsfonds ist eine Kapitalabfindung ausgeschlossen.

Bagatellgrenze: Eine Kapitalauszahlung erfolgt auch bei sehr kleinen Betriebsrenten. Beträgt die monatliche Rente weniger als 1 Prozent der sogenannten „Bezugsgröße" der gesetzlichen Sozialversicherung (2010: 25,55 Euro), wird ihr Kapitalwert als Einmalzahlung ausbezahlt.

Was tun bei Jobwechsel?

Die Zeiten, in denen bei einem Jobwechsel alle Ansprüche aus der „Betrieblichen" verloren gingen, sind lange vorbei. Wer per Gehaltsumwandlung einzahlt, hat vom ersten Beitrag an unverfallbare Ansprüche. Gleiches gilt für rein arbeitgeberfinanzierte Zusagen, sobald der Beschäftigte fünf Jahre im Betrieb und mindestens 25 Jahre alt ist.

Damit ist das Problem aber nur halb gelöst. Wer den Arbeitsplatz wechselt, kann trotz Unverfallbarkeit oft nicht nahtlos mit seiner betrieblichen Altersversorgung weitermachen. Dies gilt vor allem für Direktzusagen und Unterstützungskassen. Die Anwartschaft aus dem alten Job bleibt zwar erhalten, kann aber in der Regel nicht fortgeführt werden. Dann bleibt nur, sich beim neuen Arbeitgeber eine zweite „Betriebliche" aufzubauen.

Besser sieht es bei Direktversicherung, Pensionskasse und Pensionsfonds aus. Hier hat der Arbeitnehmer ein Recht auf Übertragung (Portabilität). Die Anwartschaft wird vollständig zum neuen Arbeitgeber mitgenommen und in das dort bestehende Betriebsrentensystem übertragen. Neue Abschlussgebühren fallen nicht an. Allerdings: In welchen Durchführungsweg die Anwartschaft fließt, entscheidet der neue Chef. Optimal ist es natürlich, wenn der neue Arbeitgeber in den bestehenden Vertrag einsteigt. Dann bleibt quasi alles beim Alten.

Wichtig: Nicht in allen Fällen ist eine Übertragung der Anwartschaften für den Arbeitnehmer sinnvoll. So kann es sein, dass die Versorgung im neuen Betrieb schlechtere Konditionen hat als im alten. Lassen Sie sich also zunächst genau ausrechnen, welche Betriebsrente der alte und der neue Träger für Ihre Anwartschaft zusichern. Liegen die Zusagen des neuen Versorgungswerkes deutlich unter denen des alten, sollten Sie nicht übertragen und den alten Vertrag beitragsfrei stellen.

Kritisch prüfen sollten eine Übertragung auch alle, die eine Anwartschaft in einem Pensionsfonds haben. Sind die Börsenkurse gerade im Keller, würden sie bei einer Übertragung die Verluste endgültig festschreiben. In diesem Fall wäre es besser, den Vertrag beitragsfrei zu stellen. Auch wer im alten Vertrag gegen Berufsunfähigkeit (BU) abgesichert ist, sollte prüfen: Bietet auch der neue Vertrag einen BU-Schutz? Wenn nicht, kann es sinnvoll sein, den alten Vertrag weiter privat zu bedienen, um den Berufsunfähigkeitsschutz zu erhalten. Dies gilt vor allem für Personen mit ernsten Vorerkrankungen, denn sie haben nur geringe Chancen, eine Berufsunfähigkeitspolice (außerhalb der bAV) zu bekommen. Allerdings: Wenn Sie den Vertrag privat bei Ihrem alten Arbeitgeber weiterführen, fallen die Steuer- und Sozialabgabenvorteile weg.

Fazit: Die betriebliche Altersversorgung bietet insbesondere für gesetzlich versicherte Arbeitnehmer außergewöhnliche Möglichkeiten, Steuern und Abgaben zu sparen. Effektiv zahlen insbesondere Alleinstehende dank der Entgeltumwandlung oft nur die Hälfte. Wer also noch nicht fürs Alter vorsorgt, sollte neben einem Riester-Vertrag primär die „Betriebliche" ins Visier nehmen.

Für wen taugt die betriebliche Altersversorgung*?

	Ausschließlich oder überwiegend arbeitgeberfinanziert	Reine Entgeltumwandlung (voll arbeitnehmerfinanziert)
Arbeitnehmer mit geringem oder durchschnittlichem Einkommen**	⊕⊕	⊕⊕
Arbeitnehmer mit sehr hohem Einkommen***	⊕⊕	⊕
Beamte	**nicht möglich**	**nicht möglich**
Selbstständige/Freiberufler	**nicht möglich**	**nicht möglich**

* positive Bewertungen gelten nicht für Pensionsfonds

** unterhalb der Beitragsbemessungsgrenze der gesetzlichen Krankenversicherung (45.000 Euro Bruttojahreseinkommen)

*** oberhalb der Beitragsbemessungsgrenze der gesetzlichen Rentenversicherung (West: 66.000 Euro Bruttojahreseinkommen/Ost: 55.800 Euro)

Sterbegeldversicherung: viel Geld versenkt!

Eine angemessene Bestattung, ohne die Hinterbliebenen zu überfordern – das wollen viele. Und hierfür soll die Sterbegeldversicherung sorgen. Seit 2004 das Sterbegeld der gesetzlichen Krankenversicherung weggefallen ist, haben Versicherungsvertreter noch bessere Argumente, diese private Versicherung anzupreisen. Was vielen nicht klar ist: Die Sterbegeldversicherung ist eine spezielle und besonders unattraktive Form der Kapitallebensversicherung. Angeboten wird sie von Lebensversicherungsunternehmen und von Sterbekassen.

So funktioniert die Sterbegeldversicherung

Der Versicherte zahlt in der Regel nur kleine Monatsbeiträge. Im Gegenzug erhalten seine Hinterbliebenen im Todesfall die vereinbarte Versicherungssumme. Auch die ist bei der Sterbegeldversicherung relativ gering: im Durchschnitt zwischen 5.000 und

10.000 Euro. Bei den Sterbekassen ist die Leistung meist auf 8.000 Euro begrenzt. Die volle Todesfallleistung gibt es meist nicht sofort nach Vertragsschluss, sondern erst nach einer Wartezeit. Bei Verträgen ohne Gesundheitsprüfung oft erst nach drei Jahren. Die Dauer der Beitragszahlung ist begrenzt, häufig bis zum Alter 85, bei einigen Sterbekassen bis Alter 100. Der Risikoschutz dagegen gilt lebenslang.

Schlechte Rendite

Verbraucherschützer halten eine Sterbegeldversicherung für unsinnig. Nur wenn der Versicherte relativ früh stirbt, bekommen die Angehörigen mehr heraus, als eingezahlt wurde. Erreicht der Versicherte hingegen ein „normales" Sterbealter, liegen seine Einzahlungen in aller Regel über der Versicherungssumme – ein Verlustgeschäft also. Der Grund: Der in der Prämie enthaltene Risikoanteil, der für den Todesfallschutz bezahlt werden muss, ist bei älteren Personen naturgemäß sehr hoch. Der Sparanteil ist deshalb niedrig. Außerdem schlagen die Stückkosten angesichts der kleinen Versi-

Beispiel

Abhängig vom Eintrittsalter zahlen Sie im DBV-Gruppenvertrag der Gewerkschaft ver.di für eine Versicherungssumme von 5.000 Euro bis zum Endalter 85 folgende Versicherungsprämien:

Eintrittsalter	Summe der Einzahlungen bis Alter 85	
	Mann	Frau
30	5.016	4.224
40	5.508	4.590
50	6.174	5.292
60	6.780	5.340
70	7.056	5.652

Tarif VG9/2008 des ver.di-Mitgliederservice

cherungssumme sehr negativ zu Buche. Vielfach ist eine Unfalltod-Zusatzversicherung automatisch eingeschlossen – auch dies kostet extra. Die Beitragsrendite einer Sterbegeldversicherung ist deshalb extrem niedrig. Das gilt auch für die vielen „Vorteilsangebote“, die Ihnen von Verbänden und Gewerkschaften ins Haus flattern, selbst wenn Gruppenrabatte hier die Verluste begrenzen mögen.

Fazit: Nur bei einem frühen Tod „rentiert“ sich eine Sterbegeldversicherung. Wer seine Hinterbliebenen nicht mit Begräbniskosten belasten will, der sollte besser ohne Versicherung hierfür sparen. Und bei einem frühen Tod hilft den Angehörigen eine Risikolebensversicherung deutlich besser. Die sollte ohnehin jeder mit Familie haben.

Für wen taugt die Sterbegeldversicherung?

Single	Paar	Familie
⊖ ⊖	⊖ ⊖	⊖ ⊖

Restschuldversicherung: oft eine Kostenfalle!

Die Restschuldversicherung ist eine spezielle Form der Risikolebensversicherung, die im Todesfall die Rückzahlung eines Kredits absichert. Auch das Risiko, bei Arbeitsunfähigkeit oder Arbeitslosigkeit die Raten nicht mehr zahlen zu können, lässt sich gegen Aufpreis versichern. In wenigen Einzelfällen kann eine solche Versicherung sinnvoll sein, vor allem wenn ein Kreditnehmer seinen Partner davor schützen will, im Todesfall für seine Schulden geradestehen zu müssen.

Allerdings machen Restschuldversicherungen den eigentlichen Kredit häufig unverhältnismäßig teuer. Sie kosten oft zehnmal mehr als klassische Risikolebensversicherungen. Einige Kreditinstitute verlangen zudem die gesamte Versicherungsprämie im Voraus als Einmalbeitrag. Das bläht den Kreditbedarf erheblich auf. Und auf die gesamte Summe sind Bearbeitungsgebühren und Zinsen zu zahlen. Diese Gesamtbelastung wird durch die Restschuldversicherung abgesichert, nicht nur der eigentliche Kredit.

Die Restschuldversicherung hat noch einen weiteren Nachteil: Die Versicherungssumme bleibt über die gesamte Laufzeit konstant, obwohl der Kredit im Lauf der Jahre durch Tilgungen sinkt. Das macht die Prämie ungerechtfertigt teuer.

Beispiel

Einen Kredit von 20.000 Euro (Laufzeit 72 Monate, 10,16 Prozent effektiver Zins) zahlt man bei der TARGO-Bank (früher Citibank) beispielsweise in monatlichen Raten von 370,53 Euro ab. Entschließt man sich für eine Absicherung des Kredits bei Tod, Arbeitsunfähigkeit und Arbeitslosigkeit, steigt die monatliche Rate auf 434,27 Euro, das sind 63,74 Euro mehr. Oder über die gesamte Laufzeit gerechnet: Zusatzkosten von über 4.500 Euro.

(Stand April 2010, Modellkunde: Angestellter im Groß- und Einzelhandel, Monatseinkommen netto 2000 Euro, 35 Jahre alt)

Zwingend ist der Abschluss einer Restschuldversicherung bei der Kreditvergabe nicht, obwohl einige Kreditinstitute ihren Kunden diesen Eindruck vermitteln. Macht die Bank den Abschluss der Versicherung zur Bedingung, muss sie die Kosten hierfür in den Effektivzins einbeziehen (laut §6 Abs. 3 Nr. 5 Preisangabenverordnung/ BGH-Urteil vom 15.12.2009, Az. XI ZR 45/09).

Tipp: Kredit absichern

Falls Sie einen Kredit absichern möchten, können Sie dies auch mit einer Risikolebensversicherung machen. Prüfen Sie, ob Sie einen solchen Schutz bereits haben. Am günstigsten zur Kreditabsicherung wäre eine Risikolebensversicherung mit fallender Versicherungssumme. Dabei wird die Versicherungssumme stets der noch ausstehenden Restschuld angepasst. Das macht den Schutz billiger.

Teurer Neuanfang

Sybille und Bernd H. wollen gemeinsam noch mal ganz von vorn anfangen. Sie heiraten, richten eine gemeinsame Wohnung ein und gehen auf Hochzeitsreise. Dafür brauchen die beiden einen Kredit von rund 30.000 Euro. Eine Restschuldversicherung unterschreiben sie gleich mit. Die kostet einen Einmalbeitrag von rund 9.000 Euro und sorgt mit Gebühren und Zinsen dafür, dass die Gesamtsumme des Kredits kräftig ansteigt. Aus den 30.000 Euro werden durch Zinsen, Restschuldversicherung, Bearbeitungsgebühren etc. so 58.000 Euro, die das Paar zurückzahlen muss, und zwar in Raten von monatlich 693 Euro für 7 Jahre.

Als sie diese hohe Belastung nicht mehr tragen können, suchen sie Rat bei der Verbraucherzentrale. Es gibt einen Hoffnungsschimmer: Wenn die Bank die Restschuldversicherung zur Bedingung bei der Kreditvergabe gemacht hat, hätte sie die Kosten in den Effektivzins einrechnen müssen. Der läge dann statt bei 12,04 Prozent bei über 22 Prozent und verstieße damit gegen das Wucherverbot.

Für den Experten der Verbraucherzentrale ist klar: In diesem Fall müsste das Paar gar keine Zinsen mehr bezahlen, sondern nur noch die Kreditsumme tilgen, und zwar mit rund 350 Euro pro Monat.

Für wen taugt die Restschuldversicherung?

Single	Paar	Familie
⊖ ⊖	⊖ ⊖	⊖ ⊖

Ausbildungsversicherung: überflüssig und teuer!

Viele Großeltern wollen ihren Enkeln etwas Gutes tun und deren Berufsausbildung finanziell absichern. Was liegt da näher, als eine Ausbildungsversicherung abzuschließen? Hört sich gut an, dahinter verbirgt sich allerdings eine Kapitallebensversicherung mit eher schlechten Konditionen. Verbraucherschützer raten deshalb von dieser Vorsorge ab.

So funktioniert die Ausbildungsversicherung

Die Ausbildungsversicherung ist eine Mischung aus Sparvorgang und Risikoschutz. Gespart wird für die vereinbarte Versicherungssumme, die dem Nachwuchs zum Start der Berufsausbildung zur Verfügung stehen soll. Ausgezahlt wird also beispielsweise mit Vollendung des 18. oder 21. Lebensjahrs.

Abgeschlossen wird der Vertrag von Eltern oder Großeltern. Das Besondere: Stirbt der Versicherte, so entfällt die Prämienzahlungspflicht und der Vertrag läuft normal weiter. Das begünstigte Kind erhält die vereinbarte Summe also in jedem Fall zum vereinbarten Zeitpunkt. Was so vorteilhaft klingt, macht den Vertrag aber teuer. Insbesondere wenn Großeltern Versicherungsnehmer sind, zahlen sie für ihr vergleichsweise hohes Todesfallrisiko sehr viel und der Sparanteil sinkt. Unter Umständen kommt dadurch am Ende sogar weniger heraus, als in den Vertrag eingezahlt wurde.

Es gilt also: Wenn schon eine Ausbildungsversicherung abgeschlossen werden soll, ist es günstiger, statt Oma oder Opa den Vater oder noch besser die Mutter als „versicherte Person" festzulegen. Für jüngere Frauen kostet die Risikoabsicherung nämlich am wenigsten.

Tipp: Sparvorgang und Risikoabsicherung trennen

Entscheidend ist, dass auf das Leben des Haupternährers der Familie eine ausreichend hohe Risikolebensversicherung abgeschlossen wird. Dann ist auch die Ausbildung der Kinder im Todesfall gesichert. Darüber hinaus können Sie individuell für die Ausbildung Ihrer Kinder ansparen.

Außer der klassischen Variante, die in festverzinsliche Wertpapiere investiert, gibt es immer häufiger auch fondsgebundene Ausbildungsversicherungen. Auch hier gilt: Hohe Kosten für die Risikoabsicherung reduzieren die Sparleistung. Läuft die Börse schlecht oder hat die Versicherung die falschen Fonds, drohen hohe Verluste.

Ein weiterer Minuspunkt: Wenn der Versicherungsnehmer bei Auszahlung noch keine 60 Jahre alt ist, sind mögliche Erträge voll steuerpflichtig.

Für wen taugt die Ausbildungsversicherung?

Großeltern	Onkel/Tanten	Eltern
− −	− −	− −

Von Renten, Rechten und Renditen

Das leisten die Versicherer: Rechnungszins und Überschüsse

Für die meisten Lebensversicherungs- und Privatrentenprodukte gilt: Sie garantieren zu einem bestimmten Zeitpunkt eine Mindestleistung. Bei der Risiko- und der Kapitallebensversicherung sind das die Versicherungssummen. Bei Rentenprodukten sind es Garantierenten bzw. garantierte Kapitalauszahlungen. Diese Summen müssen die Versicherer mindestens zahlen, auch wenn eine Finanzkrise die Wirtschaft hart treffen sollte. Darüber hinaus bekommen die Kunden Überschussbeteiligungen, die aber in der Höhe nicht sicher sind.

So kalkulieren Versicherer

Um die Garantien dauerhaft erfüllen zu können, sind Versicherer verpflichtet, sehr vorsichtig zu kalkulieren. Im Einzelnen betrifft dies

- die Höhe des Rechnungszinses,
- die Lebenserwartung des Kunden,
- die Kosten eines Vertrags.

Der **Rechnungszins** (Garantiezins) ist für alle neu geschlossenen Verträge gleich (Ausnahme: Sofortrenten; hier darf ein höherer Zins garantiert werden) und beträgt derzeit 2,25 Prozent. Dieser Rechnungszins wird den Versicherern vom Bundesfinanzministerium vorgegeben und orientiert sich an der Umlaufrendite von staatlichen Wertpapieren. So ist gewährleistet, dass die Versicherer mit sicheren Anlagen die Garantieversprechen halten können.

Mehr als den Rechnungszins dürfen Versicherer ihren Kunden nicht garantieren. Weniger wäre möglich, doch im Wettbewerb könnte sich dies kein Versicherer erlauben. In der Vergangenheit lag der Rechnungszins deutlich höher als heute.

Auf der Zinstreppe geht's bergab

Von	bis	Rechnungszins in Prozent
	1986	3,00
1987	6/1994	3,50
7/1994	6/2000	4,00
7/2000	2003	3,25
2004	2006	2,75
2007	heute	2,25

Der bei Vertragsschluss geltende Rechnungszins gilt für die gesamte Laufzeit. Wer also einen Vertrag beispielsweise im Jahr 1995 abgeschlossen hat, der profitiert auch heute noch von dem vergleichsweise hohen Rechnungszins von 4 Prozent. Allerdings werden nicht alle Einzahlungen verzinst, sondern nur der Sparanteil, also die Versicherungsprämie abzüglich der Abschlusskosten, der Verwaltungskosten und der Kosten für den Risikoanteil. Da diese Kosten durchschnittlich 20 Prozent verschlingen, liegt der Sparanteil bei rund 80 Prozent des Beitrags. Dadurch sorgt der Rechnungszins von 2,25 Prozent bei aufgeschobenen Rentenversicherungen im Marktdurchschnitt lediglich für eine garantierte Beitragsrendite von 1,39 Prozent. Dies ergab die Studie zur Überschussbeteiligung 2010 der Ratingagentur Assekurata für einen Mustervertrag.

Erwirtschaftet der Versicherer am Kapitalmarkt Zinsen, die über dem Rechnungszins liegen, so ermöglicht das Überschussbeteiligungen und somit höhere Zahlungen. Allerdings fällt es Versicherern mit sehr schlechten Kapitalmarkterträgen bereits heute schwer, für Altverträge den Rechnungszins von 3,5 oder 4 Prozent zu erwirtschaften.

Nicht alles wird verzinst

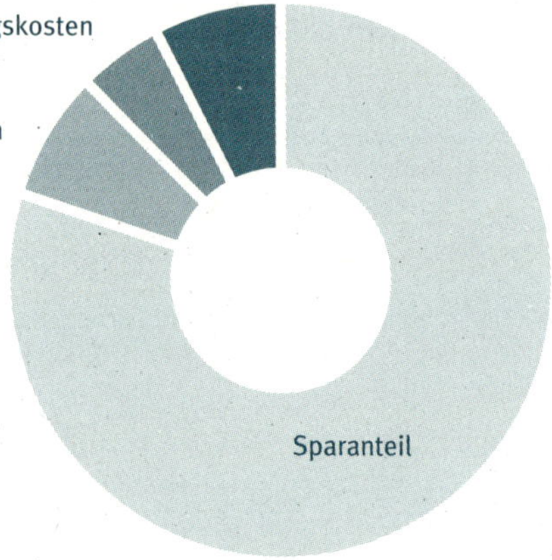

Jeder Versicherer trifft für seine Kunden eine Annahme über deren voraussichtliche **Lebenserwartung**. Das heißt für Risiko- und Kapitallebensversicherungen: Wie hoch ist das Risiko, dass der Kunde früh stirbt und die Todesfallleistung fällig wird? Und für Rentenprodukte: Wie lange muss die Rente voraussichtlich reichen? Die Versicherer kalkulieren in beiden Fällen sehr vorsichtig. Fast alle halten sich an die Vorgaben der Deutschen Aktuarvereinigung, die beispielsweise für Rentenversicherungen derzeit die Sterbetafel DAV04R empfiehlt. Diese kalkuliert für privat Rentenversicherte ein sehr langes Leben. Jeder Versicherte, der früh stirbt oder nur ein durchschnittliches Alter erreicht, verschafft der Versicherung so einen „Sterblichkeitsgewinn" (Risikogewinn). Auch das schafft Raum für eine Überschussbeteiligung (siehe Kapitel „Sterbetafeln", ab Seite 95).

Während der Rechnungszins bei allen Versicherern gleich ist und sich auch die verwendeten Sterbetafeln kaum unterscheiden, führen die der Tarifkalkulation zugrunde liegenden Annahmen über die **Kosten** zu deutlichen Unterschieden. Die Höhe von Garantierenten oder garantierten Ablaufleistungen der verschiedenen Anbieter hängt direkt von der Kostenkalkulation ab. Wer mit niedrigen Kosten rechnet, kann hohe Garantieleistungen versprechen – und umgekehrt.

Ihr Überschüsse, kommet!

Wenn Sie am Ende nur die versprochene Garantieleistung bekämen, wäre das kein gutes Geschäft: Mit einer heute abgeschlossenen Rentenversicherung erzielten Sie nur 1 bis 2 Prozent Beitragsrendite, bezogen auf die garantierte Kapitalabfindung. Vermutlich liegt die Rendite aber dank der Überschussbeteiligung höher. So errechnete die Ratingagentur Assekurata in der Studie zur Überschussbeteiligung 2010 für einen Mustervertrag eine prognostizierte Beitragsrendite von durchschnittlich 3,94 Prozent (auf Basis der Beispielrechnungen der Versicherer).

Wie nah ein Versicherer seiner Ablaufprognose kommt, hängt von vielen Faktoren ab: Wie kostengünstig arbeitet er? Wie gut legt er Ihr Geld an? Korrigiert er die zunächst unterstellten Sterblichkeitsannahmen? Und schließlich: Wie fair beteiligt er Sie an den Gewinnen?

Wie werden Gewinne verteilt?

Die Mindestzuführungsverordnung schreibt vor, dass mindestens 50 Prozent der Kostengewinne, mindestens 75 Prozent der Risikogewinne und mindestens 90 Prozent der Zinsgewinne an die Versicherten fließen müssen. Gute Versicherer geben aber aus allen Bereichen über 90 Prozent an die Kunden weiter. Der einzelne Kunde kann auf unterschiedliche Weise beteiligt werden: Einen Teil der Überschüsse gibt ihm der Versicherer im Entstehungsjahr per „Direktgutschrift“. Der Rest nimmt einen Umweg über die Rückstellung für Beitragsrückerstattung (RfB). Die RfB ist ein Finanzpuffer, eine Art Spardose, aus der der Versicherer Ihnen ebenfalls Überschüsse gutschreiben kann. In guten Jahren steckt er mehr Geld in die RfB, als er ihr entnimmt. In schlechten Jahren kann er darauf zugreifen und damit die Überschussbeteiligung vergleichsweise hoch halten. Nur dank einer gut gefüllten RfB können die meisten Versicherer derzeit trotz bescheidener Nettorenditen ihrer Anlagen (oft nur rund 3 Prozent!) weiterhin im Schnitt über 4 Prozent auf den Sparanteil gutschreiben. Es ist allerdings nicht gewährleistet, dass die in der RfB geparkten Überschüsse den Versicherten zeitnah und verursachergerecht gutgeschrieben werden.

Die Formen der Überschussbeteiligung

Es gibt drei Formen der Überschussbeteiligung:
1. die laufende Überschussbeteiligung,
2. den Schlussüberschuss,
3. die Beteiligung an Bewertungsreserven.

1. **Laufende Überschussbeteiligung:** Während der Einzahlphase bilden Ihre Beitragszahlungen abzüglich der Kosten das sogenannte Deckungskapital. Auf dieses Kapital gibt es den Rechnungszins und die laufende Überschussbeteiligung. Im Durchschnitt sind das 2010 laut Branchendienst map-report rund 4,2 Prozent. Besonders leistungsstarke Versicherer erreichen derzeit noch eine Verzinsung von über 4,5 Prozent. Zahlreiche (auch sehr große) Versicherer gewähren vielen ihrer Kunden jedoch deutlich weniger als 4 Prozent (unter anderen Axa, Generali, Gothaer, HDI-Gerling, Victoria [jetzt: ERGO], Württembergische und Zurich Deutscher Herold). Auf lange Sicht bewirken solche Zinsdifferenzen enorme Unterschiede in der Ablaufleistung (siehe Kapitel „Wer zahlt aktuell am meisten aus?“, ab Seite 157).

Die sehr zinsstarken Versicherer (siehe Tabelle) gewähren nicht nur die höchsten Zinsen aufs Deckungskapital, sondern sie behandeln auch alle Kunden gleich: Wer also schon 10 oder 15 Jahre dabei ist, bekommt gleich hohe Zinsen wie ein Neukunde (Ausnahmen bei Sofortrenten). Sehr viele Versicherer greifen jedoch zu einem Trick. Sie melden zwar Verzinsungen von 4 Prozent oder mehr, doch die

Wer verzinst das Deckungskapital 2010 am besten?

	Kapitallebensversicherung	Rentenversicherung (aufgeschoben)
Europa	4,80 %	4,80 %
TARGO (früher CiV)	4,80 %	4,80 %
Volkswohl Bund	4,75 %	4,75 %
Die Continentale	4,60 %	4,60 %

Ohne Schlussüberschuss und Beteiligung an den Bewertungsreserven. Die aufgeführten Versicherer verzinsen ältere und jüngere Verträge gleich. (Quelle: Assekurata-Studie zur Überschussbeteiligung 2010)

gelten meist nur fürs Neugeschäft und Verträge der jüngsten Tarifgeneration. Wer schon vor einigen Jahren unterschrieben hat, bekommt deutlich weniger, oft nur noch den Rechnungszins. Da in der Presse häufig nur die Deklarationen für Neuverträge veröffentlicht werden, machen sich solche Gesellschaften durch gesplittete Verzinsungen besser, als sie sind – zulasten der Altkunden. Besonders auffällig ist dies beispielsweise bei Condor, AachenMünchener und Gothaer (siehe auch Kapitel „Wer behandelt seine Bestandskunden fair?", ab Seite 161).

! Achtung!

Die Höhe des Schlussüberschusses ist nicht garantiert. Er kann unter Umständen sogar komplett gestrichen werden. Für den Kunden ist dies also riskant. Besonders gilt das für viele Tarife, die derzeit neu auf den Markt kommen: Dort werben Versicherer mit erhöhten Gesamtverzinsungen, indem sie den (nicht gesicherten) Schlussüberschuss kalkulatorisch anheben – allerdings zulasten der jährlichen Gewinngutschreibung. Ob sich das für die Kunden rechnet, ist sehr ungewiss. Der Schlussüberschuss ist unsicher. Ganz sicher ist hingegen, dass Kunden, die vorzeitig kündigen oder den Vertrag beitragsfrei stellen, mit solchen Tarifen durch die abgesenkte jährliche Verzinsung weniger bekommen.

2. **Schlussüberschuss:** Am Ende der Einzahlphase gibt es als „Lohn" für das lange Durchhalten in der Regel einen Schlussüberschuss. Der bringt noch einmal einen Renditeschub und hebt die Verzinsung des Deckungskapitals im Schnitt um rund 0,5 Prozentpunkte an. Den Schlussüberschuss bekommen – allerdings gekürzt – auch beitragsfrei gestellte Verträge.

3. **Beteiligung an Bewertungsreserven:** Am Ende der Einzahlphase müssen die Kunden zu 50 Prozent an den Bewertungsreserven

beteiligt werden. Grob gesagt handelt es sich bei diesen Reserven (früher auch „stille Reserven“ genannt) um die Differenz zwischen den Buchwerten von Immobilien und Wertpapieren, wie sie in der Bilanz der Versicherer stehen, und den tatsächlichen Marktpreisen dieser Anlagen. In der Vergangenheit bunkerten die großen Versicherer hier Milliardenwerte, wenn Aktienpakete und Immobilien im Wert gestiegen waren. Aktuell sind hingegen durch die Finanzkrise in vielen Fällen aus stillen Reserven stille Lasten geworden.

Es bleibt unkalkulierbar, ob das Recht auf Beteiligung an den Bewertungsreserven tatsächlich eine Erhöhung der Ablaufleistung oder Rente bewirkt. Als Faustregel gilt: Je mehr eingezahlt wurde und je länger der Vertrag lief, desto größer die Beteiligung. Natürlich immer vorausgesetzt, es gibt tatsächlich zum Zeitpunkt des Vertragsablaufs Reserven (siehe auch Kapitel „Kundenrechte und wie man sie durchsetzt!“, ab Seite 128).

Bei Verrentung: Risiko Überschussverwendung

Wenn Sie sich am Ende der Laufzeit Ihrer Versicherung für die Kapitalauszahlung entscheiden, sind Sie wieder Herr über Ihr Geld. Entscheiden Sie sich aber für die Rente, beginnt das Spiel von Garantie- und Überschussleistung von vorn: Die neue Garantieleistung beruht erneut auf den Kalkulationsannahmen und dem Rechnungszins. Es fallen also vermutlich erneut Überschüsse an. Wie Sie daran beteiligt werden, hängt von einer wichtigen Entscheidung ab: der Wahl der Überschussverwendung. Bei der sicheren Variante (oft „volldynamische Rente“ genannt) beginnt die Rente relativ niedrig. Sie steigt aber analog zur deklarierten Überschussbeteiligung jedes Jahr an. Und weniger kann es dann nicht mehr werden. Wählen Sie hingegen die riskante Variante (oft „gleichbleibende Rente“ genannt), die kommende Überschüsse vorwegnimmt, steigen Sie mit einer deutlich höheren Rente ein. Wird jedoch der prognostizierte Überschuss nicht erreicht, sinkt diese Rente – im Extremfall bis auf die Garantierente.

Es gibt noch eine Zwischenform, die „teildynamische Rente". Diese startet oberhalb der Garantierente und sieht etwas geringere Steigerungen vor als bei der volldynamischen Rente. Doch hier können die Renten sinken, genau wie bei der „gleichbleibenden Rente" (siehe Kapitel „Private Rentenversicherung", ab Seite 25).

Rückkaufswerte bei Kündigung

Wer vorzeitig kündigt, bekommt den Rückkaufswert ausgezahlt. Der war bis vor Kurzem bei einer frühen Kündigung häufig gleich null, weil die gesamten Abschlusskosten – unter Umständen einige Tausend Euro – zunächst den Vertrag negativ belasteten („Zillmerung"). Es war schlicht kein Deckungskapital zur Rückzahlung vorhanden. Mit dem neuen Versicherungsvertragsgesetz (VVG, gültig seit 1.1.2008) müssen die Abschlusskosten zumindest auf die ersten fünf Jahre verteilt werden. Dadurch entsteht sofort ein Deckungskapital. Nach der Rechtsprechung des Bundesgerichtshofs sollte der Rückkaufswert wenigstens 50 Prozent des ungezillmerten Deckungskapitals betragen. Damit müsste der Kunde annähernd die Hälfte seiner Einzahlungen zurückbekommen (siehe auch Kapitel „Kundenrechte und wie man sie durchsetzt!", ab Seite 128).

Sterbetafeln: woher die schmalen Renten kommen

„Sterbetafeln" – in diesem Begriff steckt Sprengstoff. In Sterbetafeln werden Annahmen über die Lebenserwartung der Versicherten getroffen. Diese Annahmen sind häufig der Grund, falls in der Privatrente die Leistungen kümmerlich ausfallen oder plötzlich gekürzt werden. Für die Versicherung ist Ihr Alter das wichtigste

Kriterium zur Kalkulation der Prämie. Also: Wie alt sind Sie heute? Und vor allem: Wie alt werden Sie vermutlich werden? In den Sterbetafeln steht für jeden Geburtsjahrgang – nach Geschlechtern unterschieden –, wie alt die in diesem Jahr Geborenen voraussichtlich werden. Allerdings gibt es nicht nur eine Sterbetafel, sondern viele verschiedene. Entscheidend ist, mit welchen Zahlen Ihr Versicherer rechnet.

Grundsätzlich muss man zwischen Risiko- und Kapitallebensversicherungen einerseits und Rentenversicherungen andererseits unterscheiden. Bei beiden Varianten gehen die Versicherer auf Nummer sicher. Bei allen Verträgen, die Todesfallleistungen umfassen (also Risiko- und Kapitallebensversicherungen), benutzen sie eine Sterbetafel mit einer sehr niedrigen Lebenserwartung (Tafel DAV08T). Dadurch steigt auf dem Papier das Risiko, dass die Todesfallleistung tatsächlich in Anspruch genommen wird, und das bedeutet höhere Prämien.

Bei Rentenverträgen wird es genau umgekehrt gemacht. Hier kommt eine Sterbetafel mit einer sehr hohen Lebenserwartung zum Einsatz (Tafel DAV04R). Die Rente muss also theoretisch sehr lange gezahlt werden, was die ausgezahlte monatliche Rente schmälert.

In beiden Fällen weichen die Annahmen deutlich von der Prognose des Statistischen Bundesamts ab. Die offizielle Statistik berücksichtigt bereits den langfristigen Trend einer stetig steigenden Lebenserwartung und kommt für einen heute 35-jährigen Mann auf 82,6 Jahre und für eine gleichaltrige Frau auf 88,1 Jahre. In den Kalkulationen der Risiko- und Kapitallebensversicherungen werden diese Annahmen der offiziellen Statistik locker unterschritten: Der 35-jährige Mann soll nur 76,0 und die 35-jährige Frau nur 80,4 Jahre alt werden. In der privaten Rentenversicherung sieht die Rechnung ganz anders aus: Hier kalkulieren die Versicherer für den heute 35-jährigen Mann eine Lebenserwartung von 93,3 Jahren ein, für die 35-jährige Frau gar eine Lebenserwartung von 97,5 Jahren! Also rund zehn Jahre mehr als die offizielle Prognose.

Lebenserwartung: Wer rechnet wie?

	DAV04R[1] (Rentenversicherung)	DAV08T[2] (Risikolebensversicherung)	Statistisches Bundesamt[3]
Mann	93,3	76,0	82,6
Frau	97,5	80,4	88,1

1 DAV04R in der Ausprägung als Aggregatstafel 1. Ordnung
2 DAV08T ohne Unterscheidung Raucher/Nichtraucher
3 Generationentafel in der Ausprägung V2
Geburtsjahr 1975, Stand April 2010
(Quelle: math concepts)

Der Berliner Versicherungsmathematiker Axel Kleinlein (math concepts) hat errechnet, wie sich dieses Vorgehen auf die Garantierenten auswirkt: Ein 35-jähriger Mann, der heute einen Vertrag abschließt und jährlich 1.200 Euro einzahlt, bekäme mit 67 eine Garantierente von 201,90 Euro. Kalkulierte die Branche mit den Annahmen des Statistischen Bundesamts, wären es mit 274,18 Euro immerhin 36 Prozent mehr.

Wie Annahmen zur Lebenserwartung die Garantierenten beeinflussen

	Rentenhöhe unter Verwendung der Sterbetafel DAV04R in Euro	Rentenhöhe unter Verwendung der Generationentafel des Statistischen Bundesamts in Euro
Mann	201,90	274,18 (+ 36 %)
Frau	184,75	232,68 (+ 26 %)

Geburtsjahr 1975, Laufzeit bis Alter 67, Jahresbeitrag 1.200 Euro, Zillmerung 4 Prozent, Kostenquote 12 Prozent, Kosten im Rentenbezug 1,5 Prozent der Rente, Rentengarantiezeit 10 Jahre, Garantiezins 2,25 Prozent, Stand April 2010
(Quelle: math concepts)

Das Grundproblem der Privatrente wird deutlich: Versicherte müssen bei derartigen Sterblichkeitsannahmen schon sehr alt werden, um ihr bei Rentenbeginn vorhandenes Kapital in der Rentenphase wieder herauszubekommen. Andernfalls machen sie Verluste (siehe auch „Null Zinsen im Alter“, Seite 30).

Und es kommt noch schlimmer: Erfahrungsgemäß werden alle zehn Jahre vollkommen neue Sterbetafeln mit höheren Lebenserwartungen veröffentlicht. Diese gelten dann nicht nur für Neuverträge. Auch bei Altverträgen können die Überschussanteile erheblich gekürzt werden, sogar bei laufenden Renten. Dies betrifft viele Rentenversicherte, die ihre Verträge vor 2005 abgeschlossen haben. Bei Sofortrenten führt die neue Sterbetafel DAV04R zu massiven Kürzungen der Überschussrente, bei aufgeschobenen Renten zu Kürzungen der laufenden Überschussbeteiligung (siehe hierzu Kapitel „Kundenrechte und wie man sie durchsetzt!“, ab Seite 128).

Zinsen aufgefressen!

„Dieses Phänomen trifft alle Rentenverträge, die vor 2005 abgeschlossen wurden“, beobachtet der Versicherungsmathematiker Axel Kleinlein von math concepts. „Viele Versicherte stellen nun erstaunt fest, dass kaum noch Zinsüberschüsse bei ihnen ankommen. Die Zinsen werden schlicht von der neuen Sterbetafel aufgefressen. Das heißt, die Kunden erhalten aus diesen Zinsen keine zusätzliche Überschussrente. Auch wenn sie das Kapital zu Rentenbeginn abrufen oder den Vertrag kündigen, sehen sie oft keinen Cent von diesen Zinsen.“

Die Kritik an ihren Sterbetafeln weist die Versicherungswirtschaft zurück. Um die Erfüllbarkeit der Verträge garantieren zu können, müsse man sehr vorsichtig kalkulieren. Außerdem seien Rentenversicherungskunden langlebiger als der Bevölkerungsschnitt. Und falls ihre Sterblichkeitsannahmen nicht zuträfen, bekämen die Kunden die so entstehenden Risikogewinne in Form einer höheren Überschussbeteiligung zugeteilt, hätten also keinen Schaden.

Versicherungsexperte Arno Gottschalk (Verbraucherzentrale Bremen) widerspricht: „Die Versicherungswirtschaft hat bei ihren Annahmen viel zu dicke Risikopuffer eingebaut, was die Rentenhöhen enorm drückt.“ Und die Beteiligung der Kunden an den Risikogewinnen stehe nur auf dem Papier: „Wer früher stirbt als kalkuliert, hat von den Risikogewinnen nichts. Und die wirklich Langlebigen bekommen die Sterblichkeitsgewinne nur teilweise. Immerhin ein

Viertel der Gewinne, die die Versicherer sich durch die Nutzung der DAV-Sterbetafeln verschaffen, dürfen sie ganz legal behalten."

Gewinnquelle Sterbetafeln

So setzen sich die Gewinne der Versicherer zusammen

Die Sterblichkeitsgewinne sind mittlerweile wichtiger für die Versicherer als die Überschüsse aus der Kapitalanlage. Was sie am Kapitalmarkt nicht mehr verdienen, holen sie mit ihren „vorsichtigen" Sterblichkeitsannahmen fast wieder rein, wie die Gewinnzerlegungsstatistik der Versicherungsaufsicht BaFin zeigt. Sterblichkeitsgewinne machen den größten Teil der Risikogewinne aus.

Gewinnquelle	2002	2003	2004	2005	2006	2007	2008
Risikogewinne	4,59	4,70	4,49	5,57	6,36	6,38	6,50
Anlagegewinne	1,34	5,89	7,88	10,67	9,34	8,53	0,89
Kostengewinne	0,20	0,89	0,27	1,07	0,95	0,91	0,77

Angaben in Milliarden Euro
(Quelle: BaFin)

Darf's ein wenig mehr sein?

Die Problematik der verwendeten Sterbetafeln macht folgendes einfache Beispiel deutlich: Bei einem 2010 geborenen Mädchen geht die Sterbetafel der Rentenversicherung von einer Lebenserwartung von 103 Jahren aus. Laut der für Risiko- und Kapitallebensversicherung verwendeten Tafel wird dasselbe Neugeborene aber nur 79,5 Jahre alt. Eine Differenz von 23,5 Jahren!

Dass es auch anders geht, beweisen viele klassische Pensionskassen. Diese verwenden – mit ausdrücklicher Genehmigung der Aufsichtsbehörde BaFin – die sogenannten Heubecktafeln, die mit ihren Annahmen relativ dicht an der Prognose des Statistischen Bundesamts liegen. Daher gibt es von Pensionskassen höhere Rentenzusagen.

Was tun bei Zahlungsschwierigkeiten?

Das Problem lässt sich nicht leugnen: Etwa jede zweite Lebensversicherung oder Privatrente wird vor ihrem regulären Ablauf gekündigt. Rund 14 Milliarden Euro machten die Kunden auf diese Weise 2008 flüssig – und dennoch war es wohl für viele unterm Strich ein Verlust. Denn die Rückkaufswerte, die sie nach einer Kündigung erhalten, liegen in den ersten Jahren deutlich unter der Summe der eingezahlten Beiträge (siehe auch Kapitel „Das leisten die Versicherer", ab Seite 88). Rentabel werden Lebensversicherungsverträge durch Zins und Zinseszins erst auf lange Sicht.

Aussteigen oder durchhalten?

Fast jeden Versicherungskunden erwischt irgendwann eine persönliche Finanzkrise, ausgelöst beispielsweise durch Jobwechsel, Familiengründung, Hausbau, Scheidung, Arbeitslosigkeit oder eine schwere Krankheit. Dann wird Geld gebraucht und der Lebensversicherungsvertrag ist oft die Rettung, die problemlos ein paar Tausend Euro bringt.

Pauschal zu raten, die Lebensversicherung niemals zu kündigen, wäre Unsinn. In vielen Situationen ist tatsächlich die Beendigung der Versicherung die vernünftigste Lösung. Manchmal ist sogar – bei schlecht verzinsten und mit hohen Kosten belasteten Verträgen – der Ausstieg die wirtschaftlich angeratene Lösung. Und eins steht in jedem Fall fest: Wenn Sie sich langfristig Ihre Versicherungsprämie nur durch einen Kredit oder ein dauerhaftes Überziehen des Girokontos leisten können, ist das wenig sinnvoll. Sollten Sie in dauerhafte Geldnot geraten sein, müssen Sie unbedingt Ihre laufenden Verpflichtungen und damit auch Ihre Versicherungsprämien reduzieren. Sitzen Sie zudem auf einem Schuldenberg, können

Sie Ihre Versicherung durchaus zur Tilgung nutzen. Ihre weitere Vorgehensweise hängt davon ab, ob Sie „nur" die Beiträge nicht mehr aufbringen können oder ob Sie dringend eine größere Summe benötigen.

Strategien bei vorübergehender Geldknappheit

Zahlung aussetzen: Rund zehn Wochen können Sie erfahrungsgemäß mit dem Beitrag in Verzug kommen, ohne dass Sie Nachteile befürchten müssen. Erst dann erhalten Sie eine Mahnung, in der eine Zahlungsfrist von mindestens 14 Tagen gesetzt werden muss. Sie können auf diese Weise also rund drei Monate „die Zahlung aussetzen". Eine Mahnung Ihres Versicherers muss Ihnen rechtskräftig zugehen. Die Versicherung muss im Zweifel beweisen, dass Sie die Mahnung tatsächlich erhalten haben. Haben Sie nach Fristablauf noch immer nicht gezahlt, verlieren Sie Ihren Risikoschutz und der Versicherer müsste im Todesfall nicht leisten. Nach Fristablauf kann er ohne weitere Frist kündigen. Allerdings haben Sie nach dieser Kündigung einen Monat lang die Möglichkeit, Ihren Rückstand auszugleichen. Zahlen Sie rechtzeitig, wird die Kündigung unwirksam, und Sie haben wieder Versicherungsschutz.

Vertrag ruhen lassen: Bis zu einem halben Jahr können Sie den Vertrag ruhen lassen, müssen also nicht zahlen, haben aber in dieser Zeit auch keinen Versicherungsschutz (im Todesfall) und müssen mit einer niedrigeren Ablaufleistung rechnen. Das machen fast alle Versicherer mit.

Zinslose Stundung: Ebenfalls ein halbes Jahr gewähren viele Versicherer im Fall einer Notlage (zum Beispiel Arbeitslosigkeit) eine zinslose Stundung des Beitrags. Vorteil: Der Versicherungsschutz bleibt erhalten. Nachteil: Sie müssen die gestundeten Beiträge nachzahlen.

Anzapfen des Deckungskapitals: Sie können mit Ihrer Versicherung vereinbaren, dass Sie eine Zeit lang keine Beiträge zahlen – stattdessen werden die Beiträge Ihrem Deckungskapital entnommen. Ein bequemer, aber gefährlicher Weg, denn dies zehrt Ihr „Vermögen“ Schritt für Schritt auf.

Strategien bei dauerhafter Geldknappheit

Vertrag beitragsfrei stellen: Sie zahlen keine Beiträge mehr, der Vertrag bleibt jedoch bestehen. Damit verlieren Sie nicht den Risikoschutz im Todesfall (allerdings mit einer deutlich geringeren Versicherungssumme). Nachteil: Im Vertrag bleibt nur der Rückkaufswert stehen, der Betrag, den Sie auch bei einer Kündigung erhalten hätten. Allerdings profitieren Sie, anders als bei einer Kündigung, in den Folgejahren von den Zuteilungen aus der Überschussbeteiligung und von einer (reduzierten) Schlussgewinnzuteilung. Vorsicht: Ein an den Vertrag gekoppelter Berufsunfähigkeitsschutz (in Form einer Berufsunfähigkeitszusatzversicherung (BUZ)) entfällt in diesem Fall.

Teilkündigung: Sie reduzieren Ihren Beitrag und damit auch den Versicherungsschutz. Der Vertrag wird aber auf einem deutlich höheren Niveau als bei der Beitragsfreistellung weitergeführt.

Vertrag billiger machen: Möglichkeiten, den Vertrag preiswerter zu machen, gibt es fast immer. Zahlen Sie jährlich statt monatlich. Kündigen Sie die Unfalltod-Zusatzversicherung. Stoppen Sie die Dynamisierung (siehe auch „Das können Sie tun, wenn sich die Police kaum rentiert“, ab Seite 105).

Strategien bei größerem Geldbedarf

Policendarlehen: Wer nicht nur mit der Prämienzahlung Probleme hat, sondern kurzfristig eine große Summe braucht (zum Beispiel für einen Autokauf), kann mit einem Policendarlehen einen Kredit bis zur Höhe des Rückkaufswerts bekommen. Der Kreditnehmer muss dafür als Sicherheit seine Versicherung verpfänden. Das

Zinsniveau eines Policendarlehens ist deutlich niedriger als bei Ratenkrediten. Nicht nur Ihre eigene Versicherung kann ein solches Policendarlehen vergeben. Auch bei jeder anderen Versicherungsgesellschaft können Sie nachfragen. Besonders gute Angebote machen derzeit die Policenaufkäufer des Lebensversicherungszweitmarkts. Sie können entweder das Darlehen tilgen und bekommen dann die reguläre Ablaufleistung aus der Versicherung oder Sie tilgen zunächst nicht und verrechnen das Policendarlehen später mit der Ablaufleistung. Vorteil: Der Versicherungsschutz bleibt voll erhalten. Nachteil: Sie müssen Zinsen zahlen und gefährden unter Umständen die Steuervorteile Ihres Versicherungsvertrags.

Verkauf Ihrer Police: Sie können Ihre Police auf dem sogenannten Zweitmarkt verkaufen. Zwar ist dieser Markt durch die Finanzkrise ins Stocken geraten, er könnte aber schon bald wieder an Fahrt gewinnen. In der Vergangenheit zahlten die Policenaufkäufer rund 5 Prozent mehr als den Rückkaufswert. Sie bekommen also etwas mehr, als wenn Sie kündigen. Obendrein bleibt der Risikoschutz im Todesfall erhalten. Das heißt, Ihre Hinterbliebenen erhalten die Versicherungssumme abzüglich der bereits gezahlten Ablösesumme. Allerdings nehmen die Policenaufkäufer nicht jeden Vertrag. Weniger als die Hälfte der 120 in Deutschland tätigen Lebensversicherer stehen auf ihrer Wunschliste. Der Rückkaufswert muss außerdem in der Regel mindestens 10.000 Euro betragen und die maximale Restlaufzeit darf 15 Jahre nicht überschreiten. Kürzere Laufzeiten und höhere Rückkaufswerte werden bevorzugt. Fondsgebundene Versicherungen werden generell nicht aufgekauft.

Kündigung: Wenn ein Policenverkauf nicht gelingt, ist die Kündigung bei dringendem Geldbedarf oft die letzte Lösung. Sie erhalten dann den Rückkaufswert, den Sie der jährlichen Standmitteilung Ihres Versicherers entnehmen können (siehe auch Kapitel „Steuern und Abgaben“, Seiten 110 und 114). Einen Stornoabschlag darf der Versicherer nur erheben, wenn er ausdrücklich vertraglich vereinbart wurde. Anspruch haben Sie auch auf einen Teil des Schlussüberschusses und auf die Ihnen zustehenden Bewertungsreserven.

Wann lohnt sich das Durchhalten?

Wenn Sie wissen wollen, ob es lohnt, den Vertrag weiterzuführen, gibt die folgende Methode wertvolle Hinweise. Fordern Sie von Ihrer Versicherung folgende Daten an: 1. die voraussichtliche Ablaufleistung bei Beitragsfreistellung, 2. die voraussichtliche Ablaufleistung bei normalem Vertragsverlauf, also wenn Sie normal weiterzahlen. Ziehen Sie den ersten vom zweiten Wert ab. Jetzt wissen Sie, was Ihnen die weitere Zahlung voraussichtlich einbringt. Suchen Sie sich nun einen Zinsrechner im Internet und geben Sie Ihre Versicherungsbeiträge und die verbleibende Laufzeit ein. Verändern Sie den Zins so lange, bis die oben ermittelte Summe herauskommt.

Jetzt wissen Sie, wie sich Ihre weiteren Einzahlungen verzinsen werden – falls die Prognose über die voraussichtliche Ablaufleistung zutrifft. Können Sie Ihr Geld anderswo besser anlegen, wäre eine Beitragsfreistellung möglicherweise sinnvoll.

Berücksichtigen sollten Sie auch, ob Ihr Vertrag eine Berufsunfähigkeitsversicherung einschließt. Die kostet natürlich extra und verzerrt die Zinsbetrachtung. Und wenn Sie einen solchen Vertrag beitragsfrei stellen, verlieren Sie Ihren Versicherungsschutz.

Im Überblick:

Alternativen zur Kündigung von Lebensversicherungen
• vorübergehende Aussetzung der Zahlung
• teure Vertragszusätze kündigen
• Stundung der Beiträge
• Vertrag ruhen lassen
• Versicherung beitragsfrei stellen
• Policendarlehen aufnehmen
• Teilkündigung
• Verkauf auf dem Zweitmarkt

Das können Sie tun, wenn sich die Police kaum rentiert: Zünden Sie den Renditeturbo!

Wenn Sie bereits einen Privatrenten- oder Lebensversicherungsvertrag haben, können Sie diesen häufig optimieren. Teure Vereinbarungen, die Sie womöglich bei Vertragsschluss getroffen haben, lassen sich jetzt noch korrigieren.

- **Kündigen Sie eine bestehende Unfalltod-Zusatzversicherung!** Diese zahlt im Fall eines Unfalltods die doppelte Versicherungssumme, was aber extra kostet und die Rendite schmälert. Wenn Sie den Vertragszusatz kündigen, bekommen Sie bei gleichem Beitrag später eine höhere Kapitalauszahlung bzw. eine höhere Rente. Eine Verdopplung der Todesfallleistung nach Unfalltod ist zudem wenig sinnvoll. Wenn Sie eine höhere Todesfallabsicherung wünschen, so sollte dies immer gelten und nicht nur nach einem Unfall!
- **Stoppen Sie eine bestehende Dynamisierung Ihres Vertrags!** Viele Verträge verteuern sich jährlich um einen festgelegten Prozentsatz, zum Beispiel 3 oder 5 Prozent. Damit sollen die späteren Leistungen gegen die Inflation abgesichert werden. Doch eine solche Dynamisierung erweist sich oft als teure „Zeitbombe", die die Beiträge nach einigen Jahren regelrecht explodieren lässt. Bei jedem Dynamisierungsschritt werden neue Abschlusskosten fällig. Das drückt die Rendite und die späteren Leistungsverbesserungen aufgrund eines Dynamisierungsschritts sind oft nur bescheiden. Sie können die Dynamisierung jederzeit stoppen und auch jedem Dynamisierungsschritt einzeln widersprechen.
- **Zahlen Sie möglichst jährlich!** Wer seine Beiträge monatlich zahlt, muss bei den meisten Versicherungen hierfür rund 5 Prozent Zuschlag zahlen. Bei vierteljährlicher Zahlung sind es oft

3 und bei halbjährlicher Zahlweise noch 2 Prozent. Auch das schmälert die Rendite deutlich. Wer es sich also leisten kann, sollte jährlich zahlen. Dann bekommen Sie dieselbe Leistung für weniger Beitrag (siehe auch „Überhöhte Ratenzahlungszuschläge?“, Seite 139).

- **Überprüfen Sie den Vertrag auf weitere Sondervereinbarungen!** Oft schließen Privatrenten und Lebensversicherungen auch Hinterbliebenen- und Berufsunfähigkeitsschutz ein. Diese können durchaus sinnvoll sein. Geht es jedoch ausschließlich um Ihre eigene Altersvorsorge, können Sie diese Zusätze auf den Prüfstand stellen.

Steuern und Abgaben: die richtigen Strategien!

Steuervorteile sollten nie das zentrale Argument beim Abschluss einer Versicherung sein. Das Produkt muss sinnvoll sein und Sie müssen es sich leisten können. Dennoch ist der Steueraspekt wichtig und verhilft vielen Verträgen erst zum Renditekick. Grundsätzlich ist die Einzahlung von Versicherungsbeiträgen nur noch steuerbegünstigt, wenn sie im Alter zu lebenslangen Rentenzahlungen führt. Dies ist bei Riester-Renten, Rürup-Renten und den meisten Formen der betrieblichen Altersversorgung der Fall. Einzahlungen in klassische Kapitallebensversicherungen und Privatrenten mit Kapitalwahlrecht können bei Neuverträgen (seit 1.1.2005) nicht mehr steuerlich geltend gemacht werden. Für Altverträge gibt es Übergangsregelungen bis zum Jahr 2019.

Risikolebensversicherung

Einzahlungsphase

Die Beiträge sind grundsätzlich als „sonstige Vorsorgeaufwendungen“ steuerlich absetzbar. Seit 2010 beträgt die Höchstgrenze hierfür insgesamt 1.900 Euro für Ledige und 3.800 Euro im Jahr für Verheiratete. Allerdings gilt: Das können Sie nur nutzen, wenn Ihr Eigenanteil für die Kranken- und Pflegeversicherung unter der Höchstgrenze liegt.

Lediglich Ihre Ausgaben für die Kranken- und Pflegeversicherung sind voll absetzbar, auch wenn sie die Höchstgrenze überschreiten. Für Gutverdiener dürfte also kaum Spielraum für eine steuerliche Berücksichtigung der Risikolebensversicherung bleiben.

Beispiel

Sie zahlen als Ehepaar für die Krankenversicherung monatlich einen Eigenanteil von insgesamt 250 Euro, also jährlich 3.000 Euro. In diesem Fall können Sie für sonstige Vorsorgeaufwendungen (Risikolebensversicherung, gesetzliche Arbeitslosenversicherung, Haftpflichtversicherung, Unfallversicherung und Berufsunfähigkeitsversicherung) noch jährlich 800 Euro absetzen. Für Steuerpflichtige, die ihre Krankenversicherung voll selbst tragen müssen, beträgt die Höchstgrenze 2.800 Euro (Ledige).

Auszahlungsphase

Todesfallleistungen sind einkommensteuerfrei, allerdings kann Erbschaftsteuer anfallen. Die Versicherung meldet die Auszahlung dem Finanzamt. Ob Steuern zu zahlen sind, hängt davon ab, ob zusammen mit weiteren Erbschaften die Freibeträge überschritten werden.

Höhe der Freibeträge

- Ehepartner (und eingetragene Lebenspartner): 500.000 Euro
- Kinder: 400.000 Euro
- Eltern und Großeltern: 100.000 Euro

- Enkel: 200.000 Euro
- Geschwister, Freunde und Lebenspartner: 20.000 Euro

Für Ehepartner und Kinder dürfte die Auszahlung aus einer Risikolebensversicherung meist steuerfrei bleiben. Problematisch kann es für unverheiratet zusammenlebende Paare werden. Sie haben nur einen Minifreibetrag von 20.000 Euro und müssen jede darüber hinausgehende Zahlung zu mindestens 30 Prozent versteuern.

Beispiel

Ein Mann schließt eine Risikolebensversicherung über 200.000 Euro ab, bezugsberechtigt ist seine Partnerin. Stirbt er, muss sie Erbschaftsteuer in Höhe von 54.000 Euro zahlen.
Die Rechnung:
200.000 € – 20.000 € Freibetrag = 180.000 €,
davon 30 % Erbschaftsteuer = 54.000 €
Die Steuerzahlung lässt sich jedoch durch einen einfachen Trick bei der Vertragsgestaltung vermeiden: Die Partnerin muss als Versicherungsnehmerin den Vertrag abschließen. Sie versichert das Leben ihres Partners und muss sich als Bezugsberechtigte eintragen lassen. Sollte ihr Partner sterben, fließt die Summe an sie als Versicherungsnehmerin steuerfrei.

Sozialabgaben: Pflichtversicherte in der gesetzlichen Krankenversicherung zahlen keine Beiträge auf Todesfallleistungen. Freiwillig Versicherte hingegen müssen Pflege- und Krankenkassenbeiträge zahlen. Die Summe wird rechnerisch auf 120 Monate verteilt.

Kapitallebensversicherung

Einzahlungsphase

Die Beiträge für Kapitallebensversicherungen sind bei Neuverträgen (seit 1.1.2005) nicht mehr absetzbar. Für Altverträge gilt, dass noch bis zum Jahr 2019 die Beiträge (allerdings schrittweise immer weniger) geltend gemacht werden können. Arbeitnehmern bringt das aufgrund beschränkter Freibeträge nur wenig. Selbstständige können derzeit noch Zahlungen bis zu 5.069 Euro pro Jahr (Verheiratete: 10.138 Euro) aus Altverträgen absetzen.

Auszahlungsphase

Die Todesfallleistung wird steuerlich so behandelt wie Zahlungen aus einer Risikolebensversicherung. Ehepartner erhalten die Auszahlung in der Regel steuerfrei. Endet die Kapitallebensversicherung planmäßig (der „Erlebensfall"), gilt: Die Auszahlung ist steuerfrei, wenn der Vertrag vor dem 1.1.2005 geschlossen wurde und mindestens 12 Jahre Bestand hatte. Außerdem müssen fünf Jahre Beiträge gezahlt worden sein und die Todesfallleistung muss mindestens 60 Prozent der garantierten Versicherungssumme betragen.

Seit 1.1.2005 gilt für Neuverträge, dass der Ertrag im Auszahlungsjahr voll zu versteuern ist. Als Ertrag gilt die Differenz zwischen der Summe aller Einzahlungen und dem Auszahlungsbetrag. Die Versicherung meldet den Ertrag dem Finanzamt. Sie müssen nur die Hälfte des Ertrags versteuern, wenn der Vertrag mindestens 12 Jahre lief und Sie bei Auszahlung mindestens 60 Jahre alt sind. Die Steuer wird selbst dann fällig, wenn die Lebensversicherung gar nicht ausgezahlt, sondern direkt in eine sofort beginnende Rentenversicherung fließt. Die Kapitallebensversicherung wurde damit gegenüber der Privatrente steuerlich benachteiligt. Einige Versicherer haben deshalb den „Klassiker" aus dem Programm genommen. Dafür bieten sie ein Produkt mit denselben Eigenschaften: eine Rentenversicherung mit Kapitalwahlrecht und Todesfallschutz in Höhe der Versicherungssumme. Auch hier gilt: Entscheiden Sie sich für die Kapitalauszahlung zum Ablauf, müssen Sie zumindest die Hälfte Ihrer Erträge versteuern.

So viel kassiert der Staat

Ein Vertrag läuft von 2010 bis 2040, Auszahlung mit 65 Jahren: 200.000 Euro, Einzahlungen: 100.000 Euro, halber Ertrag: 50.000 Euro. Die Steuerlast hängt von den weiteren Einkünften ab. Gibt es nur Einkünfte aus der gesetzlichen Rentenversicherung, fallen folgende Steuern auf die Kapitalauszahlung an:

Monatsrente aus gesetzlicher Rentenversicherung in Euro	**Steuerlast auf Lebensversicherung** in Euro	
	ledig	verheiratet
500	15.916,79	10.345,33
1.000	17.881,28	12.157,82
1.500	18.946,75	13.987,94
2.000	19.844,55	15.016,02

Berechnung nach dem Steuertarif 2010, ohne Kirchensteuer

Tipp: Streckung auf fünf Jahre

Deutlich senken lässt sich die Steuerlast durch einen Trick: Vereinbaren Sie einen flexiblen Auszahlungszeitraum und verteilen Sie die Summe später auf mehrere Jahre. Wenn Sie sich eine Summe von 200.000 Euro (halber Ertrag: 50.000 Euro) in fünf Raten auszahlen lassen, müssen Sie fünfmal 10.000 Euro statt einmal 50.000 Euro versteuern. Aufgrund der „entschärften" Steuerprogression fallen deutlich weniger Steuern an.

Beispiel

Sie zahlen innerhalb von acht Jahren 10.000 Euro ein. Der Rückkaufswert beträgt 9.000 Euro – also ein Minus von 1.000 Euro. Angenommen, Ihr Sparanteil (Beitrag minus Kosten) betrug 7.000 Euro, so müssen Sie die Differenz zum Rückkaufswert versteuern: also 2.000 Euro! Um diesen Betrag erhöht sich Ihr zu versteuerndes Einkommen.

Kündigung: Kündigen Sie einen Altvertrag (vor 1.1.2005) nach Ablauf der Zwölfjahresfrist, werden auf den Rückkaufswert keine Steuern fällig. Kündigen Sie vor Ablauf der Zwölfjahresfrist, müssen Sie auf die Erträge Steuern zahlen. Kurioserweise können sogar Steuern fällig werden, wenn Sie durch die Kündigung Verluste machen (siehe Beispiel).

Bei Neuverträgen (ab 1.1.2005) kann es nur zu einer Steuerlast kommen, wenn der Rückkaufswert tatsächlich über der Summe Ihrer Einzahlungen liegt. Die Differenz ist Ihr Ertrag. Dieser ist voll steuerpflichtig. Ausnahme: Sie sind bei der Kündigung bereits über 60 Jahre alt und der Vertrag lief mindestens 12 Jahre. Dann muss nur die Hälfte des Ertrags versteuert werden.

Verkauf (Zweitmarkt): Bei Altverträgen (vor 1.1.2005) ist der Erlös ab einer Mindestlaufzeit von 12 Jahren steuerfrei. Bei Verträgen, die noch keine 12 Jahre gelaufen sind, ist auf einen eventuellen Ertrag (Verkaufserlös minus eingezahlte Beiträge) eine Abgeltungsteuer von 25 Prozent (plus Solidaritätszuschlag) fällig.

Bei Neuverträgen (seit 1.1.2005) gilt: Ganz gleich wie lang der Vertrag bereits lief, ist auf einen eventuellen Ertrag die Abgeltungsteuer zu zahlen.

Sozialabgaben: Kranken- und Pflegeversicherungsbeiträge fallen auf Auszahlungen einer Kapitallebensversicherung (Ausnahme: betriebliche Altersversorgung) in der Regel nicht an. Nur freiwillig Versicherte in der gesetzlichen Krankenkasse zahlen auf alle Einkünfte Beiträge, also auch auf Kapitalauszahlungen. Die Auszahlung wird rechnerisch auf 120 Monate verteilt.

Private Rentenversicherung

Einzahlungsphase

Bei Neuverträgen (ab 1.1.2005) sind Einzahlungen in eine Privatrente mit Kapitalwahlrecht nicht mehr steuerlich absetzbar. Für Altverträge (vor 1.1.2005) gelten wie bei Kapitallebensversicherungen Übergangsfristen.

Auszahlungsphase

- **Verrentung.** Verglichen mit dem „Schwesterprodukt" Kapitallebensversicherung ist die Privatrente steuerlich privilegiert. Sämtliche Erträge in der Einzahlungsphase (oft auch „Aufschubzeit" genannt) bleiben steuerfrei. Wird planmäßig verrentet, greift die günstige Ertragsanteilbesteuerung (siehe Tabelle „Besteuerung von Privatrenten", Seite 112), die steuersystematisch erst die Erträge der Rentenphase „anzapft". Beginnt die Rente mit 65, sind nur 18 Prozent des Rentenzahlbetrags steuerpflichtig. Dahinter steckt folgende Überlegung: Der größte Teil der Rente besteht aus dem bei Rentenbeginn vorhandenen Kapital –

nur ein geringer Teil stammt aus den in der Rentenphase erzielten Kapitalerträgen. Dieser aus (steuerpflichtigen) Erträgen stammende Anteil wurde vom Gesetzgeber bei einem Rentenbeginn mit 65 pauschal auf 18 Prozent festgelegt. Nach dieser Annahme beruhen also 82 Prozent der Rente auf dem (steuerfreien) Verzehr des zu Rentenbeginn vorhandenen Kapitals. Die festgelegten Ertragsanteile variieren nach Rentenbeginn. Je früher der Rentenbeginn, desto mehr Steuern werden fällig.

Besteuerung von Privatrenten (nach Ertragsanteil)

Alter bei Rentenbeginn	Ertragsanteil	Steuerpflichtiger Anteil von 1.000 Euro Rente in Euro
50	30 %	300
51	29 %	290
52	29 %	290
53	28 %	280
54	27 %	270
55	26 %	260
56	26 %	260
57	25 %	250
58	24 %	240
59	23 %	230
60	22 %	220
61	22 %	220
62	21 %	210
63	20 %	200
64	19 %	190
65	18 %	180
66	18 %	180
67	17 %	170

Der „steuerpflichtige Anteil" der Rente darf nicht mit der zu zahlenden Steuer verwechselt werden. Wer als 65-Jähriger von 1.000 Euro Privatrente einen Ertragsanteil von 180 Euro versteuert, zahlt davon zum Beispiel bei einem Grenzsteuersatz von 20 Prozent gerade einmal 36 Euro Steuern (zuzüglich Solidaritätszuschlag und gegebenenfalls Kirchensteuer).
(Quelle: Bundesministerium der Finanzen)

- **Kapitalauszahlung.** Wer sich zu Rentenbeginn für die Kapitalauszahlung entscheidet, kann diese bei Altverträgen (vor dem 1.1.2005 abgeschlossen) steuerfrei einstreichen, wenn der Vertrag mindestens 12 Jahre lief und 5 Jahre Beiträge gezahlt wurden. Bei Neuverträgen (ab 1.1.2005 abgeschlossen) gelten bei der Kapitalauszahlung die Steuerregeln der Kapitallebensversicherung, also die hälftige Besteuerung des Ertrags (Kapitalauszahlung minus Summe aller Einzahlungen). Voraussetzung ist, dass der Vertrag mindestens 12 Jahre lang lief und Sie mindestens 60 Jahre alt sind. Wird nur eine Bedingung verfehlt, sind die Erträge voll zu versteuern. Sollten Sie sich erst in der Rentenphase für eine Kapitalauszahlung (in Höhe der noch ausstehenden Todesfallleistung) entscheiden, gelten dieselben Regeln.

Kapitalauszahlung oder Verrentung – was ist besser?

Angenommen, Sie sind heute 30 Jahre alt (männlich) und zahlen 35 Jahre lang 1.200 Euro pro Jahr in eine private Rentenversicherung ein, so verspricht ein führender Direktversicherer dafür später eine Garantierente von 232 Euro – lebenslang und mit günstiger Ertragsanteilbesteuerung. Trotzdem kann die Kapitalauszahlung mit 65 Jahren die bessere Wahl sein, wie der folgende Vergleich zeigt:

1. Die Garantierente von 232 Euro wird bei einem Rentenbeginn mit 65 Jahren nur mit dem Ertragsanteil von 18 Prozent, also knapp 42 Euro, steuerpflichtig. Angenommen Sie sind verheiratet, beziehen eine gesetzliche Rente von 1.500 Euro monatlich (keine weiteren Einkünfte), so zahlen Sie auf die Privatrente monatlich rund 6 Euro Steuern und es bleiben Ihnen von der Garantierente netto 226 Euro.

2. Entscheiden Sie sich für die Kapitalauszahlung, erhalten Sie ein Garantiekapital in Höhe von 61.526 Euro. Versteuern müssen Sie davon wie bei einer Kapitallebensversicherung den halben Ertrag. Gerechnet wird so: 61.526 Euro Auszahlung minus gezahlte Beiträge (35 x 1.200 Euro = 42.000 Euro), macht einen Ertrag von 19.526 Euro. Steuerpflichtig ist davon die Hälfte, also 9.763 Euro. Die tatsächliche Steuerlast: 1.462 Euro.

Es bleiben Ihnen im Fall der garantierten Kapitalauszahlung 60.164 Euro.

Damit erhalten Sie die volle Verfügungsgewalt über Ihr Sparkapital aus dem Vertrag, können also auch über größere Summen verfügen. Und selbst wenn Sie eine lebenslange monatliche Verrentung vorziehen, können Sie das problemlos auch in Eigenregie organisieren, wie folgende Überlegung zeigt.

Wenn Sie sich von Ihrer Kapitalauszahlung monatlich selbst wie bei der Verrentung 225 Euro auszahlen, so reicht das bis zu Ihrem 94. Lebensjahr. Und das setzt nur eine unspektakuläre Nettoverzinsung ihres Kapitals von 2 Prozent voraus.

Fazit: Wer im Alter keine sehr hohen Einkünfte hat, muss die Besteuerung einer Kapitalauszahlung nicht fürchten. Er bleibt flexibler und selbst wenn er eine regelmäßige Rentenzahlung vorzieht, kann er sich auch bei konservativer Geldanlage bis ins hohe Alter eine ähnlich hohe Rente auszahlen wie eine Versicherung.

Steuerberechnung: DATEV eG)

- **Kündigung.** Kündigen Sie einen Altvertrag (vor 1.1.2005 abgeschlossen) nach Ablauf der Zwölfjahresfrist, werden auf den Rückkaufswert keine Steuern fällig. Kündigen Sie vor Ablauf der Zwölfjahresfrist, müssen Sie auf eventuelle Erträge Steuern zahlen. Bei Neuverträgen (ab 1.1.2005) kann es nur zu einer Steuerlast kommen, wenn der Rückkaufswert tatsächlich über der Summe Ihrer Einzahlungen liegt. Die Differenz ist Ihr Ertrag. Dieser ist voll steuerpflichtig. Ausnahme: Sie sind bei der Kündigung bereits über 60 Jahre alt und der Vertrag lief mindestens 12 Jahre. Dann muss nur die Hälfte des Ertrags versteuert werden.
- **Verkauf (Zweitmarkt).** Bei Altverträgen (vor 1.1.2005) gilt: Ab einer Mindestlaufzeit von 12 Jahren ist der Erlös steuerfrei. Bei Verträgen, die noch keine 12 Jahre gelaufen sind, ist auf einen eventuellen Ertrag (Verkaufserlös minus eingezahlte Beiträge) eine Abgeltungsteuer von 25 Prozent (plus Solidaritätszuschlag) fällig. Bei Neuverträgen (ab 1.1.2005) gilt: Ganz gleich wie lange der Vertrag bereits lief, ist auf einen eventuellen Ertrag die Abgeltungsteuer zu zahlen.
- **Todesfall.** Stirbt der Versicherte während der Einzahlungsphase, gibt es in der Regel die eingezahlten Beiträge – steuerfrei – zurück. Wurde wie bei einer Kapitallebensversicherung ein Todesfallschutz in Höhe der Versicherungssumme vereinbart, wird diese erbschaftsteuerpflichtig (siehe „Risikolebensversicherung“, Seite 107). Stirbt der Versicherte während der Rentengarantiezeit, muss der Bezugsberechtigte die Rente so versteuern

wie zuvor der Verstorbene. Wählt der Bezugsberechtigte die Kapitalauszahlung, ist diese erbschaftsteuerpflichtig.

- **Sozialabgaben.** Kranken- und Pflegeversicherungsbeiträge fallen auf die Auszahlungen einer Privatrente nicht an. Ausnahme: Freiwillig Versicherte in der gesetzlichen Krankenkasse zahlen Kranken- und Pflegeversicherungsbeiträge auf alle Einkünfte, also auch auf private Renten.

Keiner bleibt freiwillig „freiwillig"

Gesetzlich Krankenversicherte mit dem Mitgliedsstatus „freiwillig versichert" müssen von ihren gesamten Einkünften (bis zur Beitragsbemessungsgrenze) Beiträge zahlen. Also auch von ihrer Privatrente. Deshalb versuchen alle Versicherten, im Alter in die Pflichtversicherung für Rentner (KVdR) zu kommen. Kein Problem für die meisten. Sie müssen in der zweiten Hälfte ihres Berufslebens zu neun Zehnteln in der gesetzlichen Krankenversicherung versichert gewesen sein – egal ob freiwillig, pflichtig, eigenständig oder in der Familienmitversicherung. Wer hingegen einige Jahre privat oder gar nicht versichert war (zum Beispiel wegen eines Auslandsaufenthalts), kann im Alter nicht „pflichtig" werden. Wenn auch nur zwei oder drei Jahre Kassenzugehörigkeit fehlen, wird's im Alter richtig teuer. Wer hingegen als Rentner in der Krankenkasse pflichtversichert ist, zahlt auf seine private Altersvorsorge gar keine Beiträge (Ausnahme: betriebliche Altersversorgung, siehe dazu Seite 123).

Riester-Rente

Einzahlungsphase

Egal für welche Form der Riester-Rente Sie sich entscheiden – bis zu einer Höhe von 2.100 Euro jährlich können Sie Ihre Einzahlungen im Rahmen eines zusätzlichen Freibetrags für Sonderausgaben voll absetzen. Wie viel Steuern Sie dadurch wirklich sparen, hängt von der Höhe Ihres Einkommens ab. Solange der Spitzensteuersatz 42 Prozent („Reichensteuer": 45 Prozent) plus Solidaritätszuschlag und gegebenenfalls Kirchensteuer beträgt, beteiligt sich der Staat maximal zur Hälfte an den Einzahlungen in eine Riester-Rente.

Praktisch läuft das so: Jeder – auch derjenige, der in erster Linie vom Steuervorteil profitiert – muss zunächst die Riester-Zulage über seinen Anbieter (Versicherung, Bank oder Bausparkasse) beantragen. Hier gilt: ohne Antrag keine Zulage. Im zweiten Schritt müssen Riester-Sparer der Einkommensteuererklärung die Anlage „Vorsorgeaufwand“ und die Bescheinigung ihres Anbieters über die gezahlten Beiträge hinzufügen. Steuerlich abzugsfähig sind sowohl die gezahlten Beiträge als auch die empfangenen Zulagen. Das Finanzamt errechnet dann, abhängig von Familienstand und Einkünften, die Steuerersparnis. Ist die errechnete Steuerersparnis höher als die bereits empfangenen Zulagen, bekommt der Riester-Sparer eine Steuererstattung. Ist sie niedriger, bleibt es bei den Zulagen.

Ob Sie also mit einem zusätzlichen Steuervorteil rechnen können, hängt stark von Ihrem Einkommen und noch stärker von den Kinderzulagen ab, die Sie auf Ihren Vertrag gutgeschrieben bekommen (siehe hierzu auch Tabelle unten). Die Faustregel besagt, dass vor allem Ledige und Spitzenverdiener mit einem zusätzlichen Steuervorteil rechnen dürfen. Ehepaare mit mehreren Kindern und durchschnittlichem Einkommen haben in der Regel keinen weiteren Steuervorteil. Sie profitieren allein von den Riester-Zulagen.

Zusätzlicher Steuervorteil für Riester-Sparer (abhängig von Einkommen und Kinderzahl)

Jahreseinkommen		Alleinstehend		Ehepaar	
in Euro	Kinder	ohne	2	1	2
	Zulage	154 €	524 €	493 €	678 €
25.000		117 €	–*	–*	–*
40.000		373 €	–*	–*	–*
50.000		587 €	91 €	55 €	–*
75.000		728 €	353 €	167 €	–*
100.000		728 €	358 €	285 €	68 €

Einzahlung 4 Prozent des Vorjahreseinkommens (höchstens 2.100 Euro), gesetzlich versicherter Arbeitnehmer, Jahresbeträge, Zulage bereits abgezogen, Berechnung nach Steuertarif 2010
* kein weiterer Steuervorteil, nicht kirchensteuerpflichtig
(Quelle: DATEV eG)

Ihr Finanzamt teilt übrigens jährlich den gewährten Steuervorteil der staatlichen Zulagenstelle mit. Dadurch kann der Staat später die Förderung zurückfordern, falls Sie sich „förderschädlich" verhalten, also zum Beispiel den Vertrag kündigen. Dann müssen Sie sämtliche Riester-Vorteile – unverzinst – zurückzahlen.

Auszahlungsphase

In der Auszahlungsphase sind Riester-Renten (soweit sie staatlich gefördert wurden) sofort und ohne Übergangsphase zu 100 Prozent steuerpflichtig. Ist also Ihr Steuerfreibetrag zum Beispiel durch den Bezug einer gesetzlichen Rente „verbraucht", ist jeder Riester-Euro mit Ihrem individuellen Grenzsteuersatz zu versteuern.

So viel Steuern müssen Sie von Ihrer Riester-Rente zahlen

Auf eine Bruttorentenzahlung in Höhe von 2.400 Euro jährlich müssen Sie abhängig von Ihren sonstigen Einkünften so viel zahlen:		
Jahresbruttoeinkommen ohne Riester-Rente in Euro	**Rentner: jährliche Steuerbeträge** in Euro	
	Alleinstehend	Verheiratet
10.000	470	0
15.000	604	176
20.000	659	446
25.000	714	556
30.000	768	598
40.000	879	652
50.000	988	708

Nach Steuertabelle 2010, inklusive Solidaritätszuschlag, ohne Kirchensteuer, angenommener Rentenbeginn 2040
(Quelle: DATEV eG)

Steuern auf Kapitalabfindung:

Eigentlich ist eine Kapitalauszahlung bei Riester-Renten nicht vorgesehen. Doch es gibt zwei Ausnahmen:

1. Bei Rentenbeginn wird das Kapital komplett ausgezahlt, wenn Ihre monatliche Riester-Rente weniger als 1 Prozent der monatlichen Bezugsgröße der gesetzlichen Sozialversicherung (2010: 2.555 Euro) beträgt, derzeit also 25,55 Euro.

2. Liegt Ihre Rente darüber, können Sie sich zum Rentenbeginn bis zu 30 Prozent des kapitalisierten Wertes auszahlen lassen.

In beiden Fällen sind die Auszahlungen voll steuerpflichtig.

Sonderfall Wohn-Riester:
Wer durch Entnahmen aus Riester-Verträgen eine Immobilie finanziert, muss die entnommenen Beträge in der Rentenphase versteuern. Die entnommenen Summen werden vom Riester-Anbieter in dem „Wohnförderkonto" erfasst. Erfolgt die Entnahme zu Rentenbeginn, gilt: Die entnommene Summe muss mit dem individuellen Grenzsteuersatz versteuert werden. Der Wohn-Riester-Nutzer hat zu Rentenbeginn zwei Möglichkeiten: sofortige Begleichung der Steuerschuld – gegen einen Rabatt von 30 Prozent. Oder er zahlt seine Steuern gestreckt auf den Zeitraum bis zum 85. Lebensjahr – dann ohne Rabatt. Letzteres kann bei sehr geringen Alterseinkünften von Vorteil sein.

Erfolgte die Entnahme bereits in der Ansparphase, gilt: Dem Betrag auf dem Wohnförderkonto werden jährlich 2 Prozent Zinsen aufgeschlagen. Es muss in diesem Fall also etwas mehr versteuert werden als tatsächlich entnommen wurde. Auch hier erfolgt die Besteuerung mit Rentenbeginn. Wer sofort alles zahlt, bekommt einen 30-prozentigen Steuerrabatt.

- **Berufsunfähigkeitsrente:** Eine Berufsunfähigkeitsrente, deren Beitragszahlungen mit Riester-Zulagen gefördert wurden, ist genau wie eine normale Riester-Rente voll steuerpflichtig.
- **Kündigung:** Sie können einen Riester-Vertrag vorzeitig kündigen und sich den Rückkaufswert auszahlen lassen. Dann müssen Sie allerdings sämtliche empfangenen Steuervorteile und Zulagen zurückzahlen. Außerdem müssen Sie bei einer Riester-Versicherung mit einem Stornoabschlag rechnen.
- **Sozialabgaben:** Auf Riester-Renten fallen normalerweise keine Kranken- und Pflegeversicherungsbeiträge an. Wer allerdings betrieblich riestert, zum Beispiel mit einer Direktversicherung oder einer Pensionskasse, muss von seiner Rente die vollen

Krankenversicherungs- und Pflegebeiträge zahlen. Das gilt aber nur für gesetzlich Krankenversicherte. Und noch eine Ausnahme: Freiwillig Versicherte in der gesetzlichen Krankenkasse zahlen Kranken- und Pflegeversicherungsbeiträge auf alle Einkünfte, also auch auf Riester-Renten.

Rürup-Rente

Die Rürup-Rente (auch „Basisrente" genannt) ist ein Produkt der privaten Versicherungswirtschaft, doch es gelten dieselben Steuerregeln wie bei der gesetzlichen Altersrente. Es erfolgt ein schrittweiser Übergang zur „nachgelagerten Besteuerung". Die Einzahlungen werden Jahr für Jahr stärker steuerlich freigestellt. Die spätere Besteuerung der Renten wird dagegen schrittweise erhöht. Ab 2040 sind neu ausgezahlte Renten voll steuerpflichtig.

So viel dürfen Sie absetzen

Ab 2025 können Ledige 20.000 Euro (Verheiratete: 40.000 Euro) jährlich als Altersvorsorgeaufwendung nach § 10 EStG absetzen. Bis dahin gilt ein schrittweiser Übergang. 2010 sind beispielsweise 70 Prozent absetzbar. Bei der Berechnung der maximal absetzbaren Beiträge für eine Rürup-Rente sind vorher noch die geleisteten Einzahlungen (inklusive Arbeitgeberanteil) in die gesetzliche Rente oder in Versorgungswerke abzuziehen.

Jahr	Steuerlich wirksamer Anteil der Einzahlungen	Jahr	Steuerlich wirksamer Anteil der Einzahlungen
2010	70 %	2018	86 %
2011	72 %	2019	88 %
2012	74 %	2020	90 %
2013	76 %	2021	92 %
2014	78 %	2022	94 %
2015	80 %	2023	96 %
2016	82 %	2024	98 %
2017	84 %	2025	100 %

(Quelle: Bundesministerium der Finanzen)

Einzahlungsphase Beispiel 1

Angestellte, ledig, Bruttojahresverdienst 60.000 Euro, Rentenversicherungsbeitrag 11.940 Euro (inklusive Arbeitgeberbeitrag)

Maximal förderfähiger Einzahlbetrag	20.000 €
gekürzt um gesetzlichen Rentenbeitrag	–11.940 €
verbleibender förderfähiger Betrag	= 8.060 €

Davon können 2010 70 Prozent steuerlich geltend gemacht werden:

70 % von 8.060 € = 5.642 €

Steuerersparnis:

2.465 € = 30,6 % der Einzahlungssumme

Zahlt die Angestellte 2010 ihren Maximalbetrag von 8.060 Euro in einen Rürup-Vertrag, erhält sie davon knapp 31 Prozent als Steuerersparnis zurück.

Einzahlungsphase Beispiel 2

Selbstständiger, verheiratet, Bruttojahresverdienst 80.000 Euro, zahlt 18.000 Euro in ein Versorgungswerk; Ehefrau angestellt mit Bruttoeinkommen von 20.000 Euro, Rentenversicherungsbeitrag 3.980 Euro

Maximal förderfähiger Einzahlbetrag (verheiratet)	40.000 €
gekürzt um Zahlungen in Versorgungswerk	–18.000 €
gekürzt um gesetzlichen Rentenbeitrag der Ehefrau	–3.980 €
verbleibender förderfähiger Betrag	= 18.020 €

Davon können 2010 70 Prozent steuerlich geltend gemacht werden:

70 % von 18.020 € = 12.614 €

Steuerersparnis:

4.547 € = 25,2 % der Einzahlungssumme

Zahlt der Selbstständige 2010 seinen Maximalbetrag von 18.020 Euro in einen Rürup-Vertrag, so erhält er davon rund 25 Prozent als Steuerersparnis zurück.

Einzahlungsphase:

Sie können jährlich maximal 20.000 Euro (Verheiratete: 40.000 Euro) steuerwirksam in eine Rürup-Rente einzahlen. Von diesem Maximalbetrag müssen Sie allerdings Ihre Einzahlungen in berufständische Versorgungswerke und in die gesetzliche Rentenversicherung (inklusive Arbeitgeberbeitrag) abziehen. Ab 2025 kann dieser Betrag zu 100 Prozent von der Steuer abgesetzt werden. Bis dahin gelten jährlich steigende Prozentwerte (siehe Tabelle „So viel dürfen Sie absetzen“, Seite 119).

Die Beispiele zeigen, dass Rürup-Verträge relativ hohe steuerbegünstigte Einzahlungen erlauben (maximal 40.000 Euro). Zum Vergleich: Bei einem Riester-Vertrag sind steuerfrei maximal 2.100 Euro pro Jahr möglich. Dafür sind die Steuervorteile bei Rürup-Verträgen derzeit prozentual noch geringer. Erst ab 2025 bleiben die Einzahlungen zu 100 Prozent steuerfrei. Beginnt die Rentenzahlung 2040 oder später, ist diese jedoch zu 100 Prozent steuerpflichtig. Als Folge wird ein Teil der heutigen Einzahlungen doppelt besteuert.

Auszahlungsphase:
Rürup-Renten, die ab 2040 ausgezahlt werden, werden voll besteuert. Bis dahin müssen nur Teile der Renten versteuert werden, abhängig vom Jahr des Rentenbeginns. Die Prozentsätze entnehmen Sie der Tabelle „So viel Steuern werden fällig“ auf Seite 122. Für das Jahr 2010 bedeutet das: Wenn die Auszahlung der Rürup-Rente (zum Beispiel nach einer Einmalzahlung) in diesem Jahr startet, sind 60 Prozent des Zahlbetrags steuerpflichtig und 40 Prozent bleiben steuerfrei. Für künftige Jahre gilt: Der steuerfreie Teil der Rente des Jahres 2010 (in Euro) bleibt als Freibetrag für die Zukunft erhalten.

Auszahlungsphase Beispiel 1

Eine Rürup-Rente von 1.000 Euro monatlich beginnt 2020. Steuerpflichtig sind dann 80 Prozent der Rente, also 800 Euro. 200 Euro bleiben als Freibetrag auch in den Folgejahren steuerfrei. Bei einem Grenzsteuersatz von 25 Prozent ist für den steuerpflichtigen Teil der Rente eine Steuer von rund 200 Euro fällig. Netto bleiben rund 800 Euro.

Auszahlungsphase Beispiel 2

Eine Rürup-Rente von 1.000 Euro monatlich beginnt 2040. Steuerpflichtig sind 100 Prozent, also 1.000 Euro. Kein Freibetrag. Bei einem Grenzsteuersatz von 25 Prozent ist eine Steuer von rund 250 Euro fällig. Netto bleiben rund 750 Euro. Wird die Rürup-Rente erhöht, ist der Erhöhungsbetrag zu 100 Prozent steuerpflichtig. Eine Erhöhung um 100 Euro sorgt bei einem Steuersatz von 25 Prozent also für eine zusätzliche Steuerlast von 25 Euro und unterm Strich nur für eine Rentenerhöhung von 75 Euro.

Bei Rürup-Renten erfolgt ein schrittweiser Übergang zur vollen Besteuerung. Das können derzeit rentennahe Jahrgänge nutzen. Zahlen diese jetzt größere Summen ein, können sie heute mehr Steuern sparen als sie später zahlen müssen.

Sozialabgaben: Kranken- und Pflegeversicherungsbeiträge fallen nach gegenwärtiger Gesetzeslage auf die Auszahlungen einer Rürup-Rente nicht an. Nur wer als Rentner freiwillig in der gesetzlichen Krankenkasse versichert ist, zahlt Kranken- und Pflegeversicherungsbeiträge auf alle Einkünfte, also auch auf die Rürup-Rente.

So viel Steuern werden fällig

Der steuerpflichtige Teil der Rürup-Rente wird analog zur gesetzlichen Rente schrittweise erhöht. Ab dem Jahr 2040 sind diese Renten zu 100 Prozent steuerpflichtig.			
Rentenbeginn	Steuerpflichtiger Teil der Rente	Rentenbeginn	Steuerpflichtiger Teil der Rente
2010	60 %	2026	86 %
2011	62 %	2027	87 %
2012	64 %	2028	88 %
2013	66 %	2029	89 %
2014	68 %	2030	90 %
2015	70 %	2031	91 %
2016	72 %	2032	92 %
2017	74 %	2033	93 %
2018	76 %	2034	94 %
2019	78 %	2035	95 %
2020	80 %	2036	96 %
2021	81 %	2037	97 %
2022	82 %	2038	98 %
2023	83 %	2039	99 %
2024	84 %	2040	100%
2025	85 %		

(Quelle: Bundesministerium der Finanzen)

Betriebliche Altersversorgung (bAV)

Einzahlungsphase:

Von allen Formen der Altersvorsorge bietet die bAV die größten Möglichkeiten, Steuern und Abgaben zu sparen. Einzahlungen in Unterstützungskassen („U-Kassen“) und Direktzusagen sind unbegrenzt steuerfrei. Vor allem Besserverdiener können sich damit steuerbegünstigt eine üppige Zusatzversorgung aufbauen. Für die meisten Arbeitnehmer ist hingegen eine Entgeltumwandlung (gemäß § 3 Nr. 63 EStG) in den Durchführungswegen Direktversicherung, Pensionskasse oder Pensionsfonds interessant. In diesen drei Durchführungswegen sind jährliche Einzahlungen bis zu einer Höhe von 4 Prozent der Beitragsbemessungsgrenze in der gesetzlichen Rentenversicherung (2010: 2.640 Euro) sowohl steuer- als auch sozialabgabenfrei. Auch Durchschnittsverdiener können dadurch enorm profitieren, da ihre Steuer- und Abgabenlast nicht selten rund 50 Prozent des Bruttoeinkommens ausmacht. Wenn sie „umwandeln", beteiligen sich Staat und Sozialkassen zur Hälfte an ihren Einzahlungen – netto zahlen sie nur die Hälfte aus der eigenen Tasche (siehe „Was wird aus 1.200 Euro?", Seite 124).

Altverträge weiter pauschalieren! Wer noch eine alte Direktversicherung mit Pauschalversteuerung hat (abgeschlossen vor dem 1.1.2005), kann diese auch weiter nutzen: Für Einzahlungen von maximal 1.752 Euro jährlich sind gemäß § 40 b EStG nur pauschal 20 Prozent Einkommensteuer (plus Solidaritätszuschlag und gegebenenfalls Kirchensteuer) zu zahlen. Außerdem fallen darauf keine Sozialabgaben an, falls die Einzahlung aus einer Sonderzahlung wie dem Weihnachtsgeld stammt. In vielen Fällen übernimmt der Arbeitgeber die Steuer oder teilt sich die Belastung mit dem Arbeitnehmer. Damit ist die Steuer abgegolten und im Alter bleiben kapitalisierte Auszahlungen steuerfrei. Bei verrenteter Auszahlung greift die günstige Besteuerung nach dem Ertragsanteil.

Durch Kombinationen Abgabenvorteile optimieren. Wer die Pauschalierung nach § 40b EStG nicht nutzt, der darf im Rahmen der Entgeltumwandlung weitere 1.800 Euro steuerfrei umwandeln. Somit können „Entgeltumwandler" ein Gesamtvolumen von jährlich 4.440 Euro (Stand 2010) steuerfrei in die Durchführungswege Direktversicherung, Pensionskasse oder Pensionsfonds einzahlen („U-Kasse"/Direktzusage: unbegrenzt!).

Wer Steuern und Sozialabgaben spart, sollte wissen, dass dadurch seine Anwartschaften in der gesetzlichen Sozialversicherung sinken. Das betrifft Krankengeld, Arbeitslosengeld und die gesetzliche Rente. Für einen Arbeitnehmer, der 40.000 Euro brutto im Jahr verdient und pro Jahr 1.200 Euro in eine betriebliche Altersversorgung steckt, sinkt der monatliche Rentenanspruch beispielsweise um rund 1,05 Euro für jedes Jahr Entgeltumwandlung.

Was wird aus 1.200 Euro?

1.200 Euro ohne Entgeltumwandlung	
Arbeitnehmeranteil Sozialversicherung	20,2 %
Einkommenssteuer	30,6 %
Nettoeinkommen	49,2 %

Von 1.200 Euro brutto (zum Beispiel aus Urlaubs- oder Weihnachtsgeld) bleiben nach Abzügen der Sozialabgaben und Steuern nur 590,16 Euro netto.

1.200 Euro mit Entgeltumwandlung (Einzahlung in Betriebsrente)	
Steuer- und Abgabenersparnis	50,8 %
Eigenanteil	49,2 %

Wer die Entgeltumwandlung nutzt, kann die vollen 1.200 Euro für seine Altersversorgung verwenden, da keine Steuern und Abgaben anfallen.

Vorgaben: ledig, 40.000 Euro Jahresgehalt, Steuerberechnung nach Steuertarif 2010, inklusive Solidaritätszuschlag, ohne Kirchensteuer

(Berechnung: ALTE LEIPZIGER)

Auszahlungsphase:

Den Vorteilen in der Einzahlungsphase stehen Mehrbelastungen in der Auszahlungsphase gegenüber. Betriebsrenten unterliegen der vollen nachgelagerten Besteuerung. Egal ob die Auszahlung verrentet oder in einer Summe („kapitalisiert") erfolgt: Sie zahlen hierauf die volle Einkommensteuer und profitieren nicht von der Besteuerung nach Ertragsanteilen. Den meisten dürfte unterm Strich dennoch ein deutliches Plus bleiben: Im Alter ist das Einkommen in der Regel niedriger – so ist die Steuermehrbelastung vermutlich geringer als die zuvor erzielte Steuerersparnis.

Im Detail gibt es jedoch Unterschiede zwischen Auszahlungen aus Direktzusagen und Unterstützungskassen einerseits und Direktversicherungen, Pensionskassen und Pensionsfonds andererseits. Letztere werden als sonstige Einkünfte nach § 22 EStG versteuert.

Maximales Volumen abgabenfreier Entgeltumwandlung und spätere Behandlung

	Unterstützungskasse/ Direktzusage	Direktversicherung	Pensionskasse	Pensionsfonds
maximale steuerfreie Einzahlung	unbegrenzt	2.640 € (+ 1.800 €)		
maximale sozialabgabenfreie Einzahlung	2.640 €	2.640 € (+ 1.752 €)		
Steuer auf Auszahlung	voll gemäß § 19 EStG	voll gemäß § 22 Nr. 5 EStG*		
Krankenkassen- und Pflegebeiträge auf Auszahlung	voller Satz für gesetzlich Versicherte			

2.640 Euro entsprechen 4 Prozent der Beitragsbemessungsgrenze der GRV- West und werden jährlich angepasst. Die in Klammern gesetzten 1.800 Euro kann nutzen, wer keine pauschalierte Direktversicherung (nach § 40 b EStG) nutzt. Die 1.752 Euro gelten, wenn man eine pauschalierte Direktversicherung nutzt. Die Werte der Spalten „Direktversicherung", „Pensionskasse" und „Pensionsfonds" sind jeweils nur einmal nutzbar – mit der Spalte „Unterstützungskasse/Direktzusage" sind sie jedoch jeweils kombinierbar. Daraus folgt: Wer die Unterstützungskasse mit einem der anderen Wege kombiniert, kann 2 x 2.640 Euro = 5.280 Euro sozialabgabenfrei einzahlen. Wer obendrein eine alte pauschalierte Direktversicherung nutzt, kann weitere 1.752 Euro abgabenfrei umwandeln und somit auf einen Maximalwert von 7.032 Euro abgabenfreier Einzahlung kommen.
* Ausnahme: nach 4§ 40 b pauschalierte Direktversicherung bleibt als Kapitalauszahlung steuerfrei.

Direktzusagen und Unterstützungskassen werden wie Lohn aus nichtselbstständiger Arbeit nach § 19 EStG besteuert, was derzeit noch Vorteile durch höhere Freibeträge bietet.

Direktzusagen und Unterstützungskassen haben zudem den Vorteil, dass sie bei einer vollständigen Kapitalabfindung von der „fiktiven Fünftelung" (§ 34 EStG) profitieren. Bei den drei anderen Durchführungswegen führt hingegen eine Kapitalauszahlung zur vollen Besteuerung im Auszahlungsjahr. Das kann im Extremfall bedeuten, dass ein Rentner den Spitzensteuersatz zahlen muss.

Sozialabgaben: Seit einer Gesetzesänderung im Jahr 2004 sind Betriebsrenten für gesetzlich Versicherte voll kranken- und pflegeversicherungspflichtig. Das heißt, der volle Beitragssatz (derzeit 16,85 Prozent) wird fällig. Dabei ist es unerheblich, ob die Auszahlung als Rente oder als Kapitalauszahlung erfolgt. Bei einer Kapitalauszahlung wird diese rechnerisch auf 120 Monate verteilt.

Vorteil durch fiktive Fünftelung

Wer seine Betriebsrente als einmalige Kapitalauszahlung bekommt, muss im Auszahlungsjahr steuerlich „bluten“. Abgemildert wird dies bei Zahlungen aus Direktzusagen oder von Unterstützungskassen – mithilfe der „fiktiven Fünftelung“. Sie bekommen zum Beispiel 100.000 Euro. Die Summe wird zwar voll ausgezahlt und sie muss auch im Zugangsjahr voll versteuert werden, es wird bei der Steuerberechnung aber so getan, als würde die Auszahlungssumme auf fünf Jahre verteilt. Man schaut also, wie viel Steuern ein Zufluss von 20.000 Euro bewirken würde und multipliziert dies mit dem Faktor 5. Aufgrund der abgemilderten Progressionswirkung bedeutet dies oft eine geringere Last, als wenn 100.000 Euro dem zu versteuernden Einkommen zugeschlagen würden.

Wer also 100.000 Euro ausgezahlt bekommt, muss 120 Monate lang von fiktiven 833,33 Euro Rente die vollen Kassenbeiträge bezahlen. Durch die zeitliche Streckung wird erreicht, dass die Auszahlungen möglichst umfassend „verbeitragt“ werden. Andernfalls würden im Einzelfall große Teile der Kapitalauszahlungen deutlich über der Beitragsbemessungsgrenze liegen und damit beitragsfrei bleiben. Die vollen Steuern und Krankenkassenbeiträge müssen auch alle Bezieher einer Erwerbs- oder Berufsunfähigkeitsrente zahlen, falls

Vertrauensbruch

Peter S. fühlt sich um einen Teil seiner Betriebsrente betrogen: Von rund 34.000 Euro Auszahlung werden zusätzlich zur Steuer noch fast 6.000 Euro für Kranken- und Pflegeversicherung fällig. Ein Großteil des Zinsertrags der Versicherung ist weg. „Es wurde immer propagiert, wir sollen zusätzlich was fürs Alter tun“, klagt er. „Ich hab's getan und nun werde ich ausgeplündert.“ Sein Ärger ist berechtigt, denn als Peter S. seine Direktversicherung abschloss, war noch keine Rede von Krankenkassenbeiträgen auf betriebliche Lebensversicherungen. Doch seit dem 1.1.2004 gilt das Krankenkassenmodernisierungsgesetz. Nun werden auf alle Auszahlungen, ob monatliche Rente oder Kapitalabfindung, die vollen Beitragssätze erhoben. Was Millionen Rentner als höchst ungerecht empfinden, wurde mittlerweile bis zum Bundessozialgericht (Az. B 12 KR 25/05 R vom 25.4.2007) und Bundesverfassungsgericht (Az. 1 BvR 2137/06 vom 28.2.2008) geprüft und für rechtens erklärt. Die stabile Finanzierung der gesetzlichen Krankenkassen habe Vorrang vor dem Vertrauensschutz von Rentnern wie Peter S.

der Vertrag im Rahmen einer betrieblichen Altersversorgung abgeschlossen wurde.

Die Tabelle „Das bleibt von der Betriebsrente" unten zeigt modellhaft, dass verheirateten Durchschnittsverdienern (Jahreseinkommen 30.000 Euro) später von der Betriebsrente netto am meisten bleibt. Sowohl ihre gesetzliche Rente als auch ihre Betriebsrente bleiben wegen der Freibeträge voraussichtlich steuerfrei. Sie zahlen auf die Betriebsrente „nur" Sozialabgaben. Bei einem höheren Jahreseinkommen steigt die spätere gesetzliche Rente. Es sind dann Steuern auf gesetzliche Rente und Betriebsrente zu zahlen. Verheirateten Rentnern, die früher 100.000 Euro jährlich verdient haben, bleiben in diesem Rechenmodell nur 61,2 Prozent ihrer Betriebsrente. Sind sie hingegen privat krankenversichert, fallen die Sozialabgaben weg und es bleiben 78 Prozent der Betriebsrente.

Das bleibt von der Betriebsrente

Ein Mann, 32, verheiratet, schließt heute eine Direktversicherung ab und zahlt monatlich 100 Euro ein. Mit 67 beginnt die Rente (2045). Bei den heute deklarierten Überschussbeteiligungen würden monatlich 350,26 Euro erreicht (pro Jahr: 4.203,12 Euro).

Jahresbrutto-einkommen heute	Bruttojahres-betriebsrente	Steuer auf Betriebsrente	Sozialabgaben auf Betriebsrente	Netto-betriebsrente	Netto-quote
30.000 €	4.203,12 €	0,00 €	708,22 €	3.494,90 €	83,2 %
40.000 €		548,00 €		2.946,90 €	70,1 %
50.000 €		652,00 €		2.842,90 €	67,6 %
60.000 €		760,00 €		2.734,90 €	65,1 %
100.000 €		924,00 €		2.570,90 €	61,2 %

Berechnung: ALTE LEIPZIGER, Rentenversicherung RV10 (mit Beitragsrückgewähr, zehn Jahre Rentengarantiezeit), Gesamtverzinsung (inklusive Schlussüberschuss) 4,8 Prozent, Steuern und Sozialabgaben nach Stand 2010, mit Solidaritätszuschlag, ohne Kirchensteuer, nur Einkünfte aus gesetzlicher Rente und Betriebsrente

Kundenrechte und wie man sie durchsetzt!

In diesem Abschnitt erfahren Sie, wie Sie schadlos aus ungünstigen oder ungewollten Verträgen rauskommen und welche Rückkaufswerte Ihnen zustehen, falls Sie später kündigen sollten. Wir sagen Ihnen, auf welche höchstrichterlichen Urteile Sie sich berufen können und wer Ihnen zur Seite steht, wenn Sie Ihre Rechte durchsetzen wollen.

Der kurzfristige Ausstieg: Widerruf

Wenn Sie bereits einen Vertrag unterschrieben haben und erst dann merken, dass Sie die falsche Entscheidung getroffen haben, gibt es eine Möglichkeit, verlustfrei auszusteigen: den Widerruf, geregelt im Versicherungsvertragsgesetz (VVG) in § 8 und § 152. Bei allen Lebens- und Rentenversicherungsverträgen ist der Widerruf bis 30 Tage nach Vertragsschluss möglich. Die Uhr tickt, sobald Sie den Versicherungsschein sowie alle weiteren im Gesetz vorgesehenen Informationen in Schriftform erhalten haben und außerdem deutlich über Ihr Widerrufsrecht belehrt wurden. Sie müssen keinerlei Gründe für einen Widerruf angeben. Da Sie bei Lebensversicherungen erst nach Verstreichen der Widerrufsfrist Ihren Erstbeitrag zahlen müssen, haben Sie keinen finanziellen Schaden. Der Vertrag gilt als nicht zustande gekommen. Zur Fristwahrung reicht es, dass Sie den Widerruf rechtzeitig abschicken. Sie müssen ihn schriftlich abfassen und persönlich unterschreiben.

Tipp: So machen Sie beim Widerruf alles richtig

Am besten versenden Sie den Widerruf als Einschreiben mit Rückschein. Noch besser tun Sie das gemeinsam mit einem Zeugen, der bestätigen kann, dass der Brief auch tatsächlich den Widerruf enthält.

Möglicherweise kommen Sie auch noch länger als 30 Tage schadlos aus dem Vertrag heraus: wenn Sie wichtige

Informationen nicht erhalten haben oder nicht klar über Ihr Widerrufsrecht informiert wurden. Wollen Sie also nach Verstreichen der Dreißigtagesfrist einen unbedachten Vertragsschluss revidieren, sollten Sie Ihre Unterlagen einer Verbraucherzentrale oder einem unabhängigen Versicherungsberater zur Prüfung vorlegen. Sind die gesetzlichen Informationsanforderungen nicht erfüllt, können Verträge nach gegenwärtiger Rechtsprechung auch noch etwa zwei Jahre nach Vertragsschluss aufgehoben werden.

Beiträge zurück durch Widerruf

Eva P. hat einen Altersvorsorgevertrag abgeschlossen und zahlt monatlich 200 Euro in eine private Rentenversicherung ein. Nach zehn Monaten erfährt sie in einer Beratung, dass sie eigentlich Anspruch auf Riester-Förderung hat. Jetzt zu kündigen wäre mit hohen Verlusten verbunden. Besser ist es, Widerruf einzulegen! Eva P. geht mit ihren Unterlagen zur Verbraucherzentrale und tatsächlich: Der Hinweis auf das Widerrufsrecht ist nur versteckt angebracht und es erfolgte keine Belehrung über die Rechtsfolgen des Widerrufs und wie ein Widerruf eingelegt werden kann. Eva P. widerruft mit Verweis auf § 8 VVG und fordert die gezahlten Prämien in Höhe von 2.000 Euro zurück. Das Verfahren dauert einige Monate, denn zunächst will die Versicherung den Mangel in den Unterlagen nicht akzeptieren. Doch als Eva P. Klage einreicht, geht alles ganz schnell: Der Vertrag wird aufgelöst und das Geld zurückgezahlt.

Weitere Ausstiegsstrategien

Wollen Sie ohne Widerruf aus einem ungewollten Vertrag aussteigen, müssen Sie schnell handeln. Bis zu sechs Wochen nach Abbuchung des Erstbeitrags können Sie bei Ihrer Bank der Abbuchung widersprechen und sich das Geld zurückholen. Zwar könnte die Versicherung ein Mahnverfahren einleiten, doch wird sie dies in der Regel nicht tun und stattdessen den Vertrag erlöschen lassen.

Ist dieser Zeitpunkt verstrichen, können Sie anschließend praktisch jederzeit kündigen. Auch wenn die meisten Versicherungsbedingungen eine Mindestlaufzeit von einem Jahr vorsehen, lassen die Versicherer Sie in der Regel problemlos raus. Allerdings bekommen

Sie die bis dahin gezahlten Beiträge nicht zurück, allenfalls einen sehr geringen Rückkaufswert.

Generell gilt, dass die frühe Kündigung einer Lebensversicherung mit erheblichen Verlusten verbunden ist. Da die Abschlusskosten (unter anderem für die Vertreterprovision) in den ersten Jahren mit den gezahlten Beiträgen verrechnet werden, bildet sich nur sehr langsam ein nennenswerter Rückkaufswert. Bei älteren Verträgen (vor 2008 abgeschlossen) waren die Rückkaufswerte in den ersten Jahren oft extrem gering oder sogar gleich null. Da diese Regelungen höchstrichterlich verworfen wurden, können Versicherte, die solche Verträge gekündigt oder beitragsfrei gestellt haben, noch Nachforderungen stellen (siehe „Hoffnung durch BGH-Urteile“, Seite 135). Seit Inkrafttreten des neu gefassten Versicherungsvertragsgesetzes (VVG) am 1.1.2008 werden durch das Verteilen der Abschlusskosten auf mindestens fünf Jahre höhere Rückkaufswerte erreicht.

Im Überblick:

Möglichkeiten zur Auflösung von Lebensversicherungsverträgen
• Widerruf: mit einer Frist von 30 Tagen nach Erhalt der Police und aller vorgeschriebenen Informationen. Ohne Verlust.
• Erlöschung: durch Rückbuchung der Erstprämie (innerhalb von sechs Wochen). Ohne Verlust.
• Kündigung: praktisch jederzeit. Mit erheblichen Verlusten.

Wann kann die Versicherung kündigen?

Wenn Sie in Zahlungsverzug geraten, wird der Versicherer Sie nicht sofort mahnen und mit der Kündigung drohen. Rund zwei Monate dauert es erfahrungsgemäß, bis der Versicherer reagiert. Solange die Zahlungsfrist, die Ihnen der Versicherer dann setzt, noch nicht verstrichen ist, sind Sie weiter versichert. Die Zahlungsfrist muss mindestens zwei Wochen betragen. Nach Fristablauf kann der Versicherer sofort fristlos kündigen. Damit verlieren Sie Ihren Versicherungsschutz (Risikolebensversicherung, Kapitallebensversicherung, Berufsunfähigkeitszusatzversicherung). Die Mahnung Ihres Versicherers muss Ihnen rechtskräftig zugehen. Im Zweifel muss die Versicherung beweisen, dass Sie die Mahnung erhalten haben.

Und noch etwas: Auch wenn Sie schon eine wirksame Kündigung erhalten haben, können Sie diese noch rückgängig machen. Wenn Sie innerhalb eines Monats nach Ende der Zahlungsfrist Ihren säumigen Beitrag entrichten, lebt der Versicherungsschutz wieder auf.

Wie müssen Versicherungen informieren?

Mit Ihrem Vertrag müssen Sie ein Produktinformationsblatt erhalten, das die wesentlichen Fakten Ihres Vertrags zusammenfasst. Unter anderem müssen die Abschlusskosten und die Verwaltungskosten in Euro und Cent ausgewiesen werden. Auch die Höhe der Stornoabschläge (bei Kündigung und Beitragsfreistellung) muss bei Vertragsschluss benannt werden. Bereits vor Vertragsschluss hat der Versicherer Ihnen eine Tabelle mit den Rückkaufswerten auszuhändigen. So erfahren Sie, wie viel Sie bei einer vorzeitigen Kündigung garantiert ausgezahlt bekommen.

Laut § 155 VVG haben Sie ein Recht auf eine jährliche Standmitteilung, in der die Entwicklung Ihrer Ansprüche dargestellt werden muss. Außerdem ist klar auf Abweichungen der tatsächlichen Entwicklung von früher gemachten Prognosen hinzuweisen.

Kommt der Vertrag über einen Vertreter oder einen Makler zustande, so muss der Kunde abhängig von seiner persönlichen Situation und der Kompliziertheit des Versicherungsprodukts beraten werden. Außerdem muss der Vermittler (egal ob Vertreter oder Makler) ein Beratungsprotokoll anfertigen. Dort ist festzuhalten, welche Ziele mit dem Abschluss des Vertrags verfolgt werden, welche alternativen Vorschläge der Berater aufgezeigt hat, wie er diese begründet und weshalb man sich für das gefundene Produkt entschieden hat.

Auf die Beratung und die Erstellung eines Protokolls darf nur verzichtet werden, wenn der Kunde schriftlich sein Einverständnis erklärt und auf mögliche spätere Nachteile bei der Durchsetzung von Schadenersatzansprüchen hingewiesen wird. Auch nach Vertragsschluss haben Kunden ein Recht auf Beratung durch das Versicherungsunternehmen bzw. durch den Makler, falls dieser den Vertrag vermittelt hat.

Tipp: Beratung in Anspruch nehmen!

Verzichten Sie niemals auf die Beratung und das zugehörige Protokoll. Und lesen Sie es sich genau durch, bevor Sie einen Versicherungsvertrag abschließen. Kommt es später zum Streit, weil Sie sich falsch beraten fühlen, ist dieses Protokoll ein wichtiges Beweisstück. Für Sie ist es von Vorteil, wenn der Vermittler das Protokoll abzeichnet. Sie hingegen sollten keinesfalls unterschreiben, da sich das in einem späteren Rechtsstreit negativ auswirken könnte.

Folgen einer Falschberatung

Es gibt Fälle, in denen Kunden nachweislich falsch beraten werden. Sie können dann den Vertrag entweder rückabwickeln oder Schadenersatz verlangen.

Beispiel: Einem Beamten mit geringem Einkommen wird gesagt, er bekomme keine Riester-Förderung und er solle stattdessen eine Rürup-Rente abschließen, um Steuern zu sparen. Der Beamte folgt dem Rat und merkt erst später, dass er mit einem Riester-Vertrag viel besser dran gewesen wäre, denn auch als Beamter bekommt er die volle Förderung. Wie kommt er aus dem ungünstigen Rürup-Vertrag wieder raus?

Lässt sich die Falschberatung belegen, haftet die Versicherungsgesellschaft für ihren Vertreter. Das heißt, der Vertrag wird rückabgewickelt. Der Kunde bekommt alle Beiträge plus Zinsen zurück. Ist der Vertreter formal selbstständig, aber exklusiv für nur eine

Gesellschaft tätig, gilt dasselbe. Sie als Kunde können dann in Streitfällen sowohl gegen den Vertreter als auch gegen die Gesellschaft vorgehen.

Anders liegt der Fall beim **Makler.** Hat der Ihnen ein vollkommen falsches Produkt vermittelt, kann die Versicherungsgesellschaft auf der Einhaltung des Vertrags bestehen. Sie müssen kündigen und sich den entstandenen Schaden vom Makler ausgleichen lassen. Makler müssen genau wie alle anderen selbstständigen Vermittler für solche Fälle eine Vermögensschadenhaftpflicht vorweisen.

Auch wenn Sie den Vertrag bei einem **Strukturvertrieb** (zum Beispiel AWD, OVB, DVAG, MLP, HMI) abschließen, müssen Sie damit rechnen, dass der Versicherer Sie im Streitfall auf die Haftung des Vermittlers verweist. Sie müssten dann kündigen und Schadenersatz vom Vermittler bzw. dem Strukturvertrieb verlangen.

Allerdings gibt es den Spezialfall des **gebundenen Strukturvertriebs,** der ausschließlich Produkte eines Anbieters vertreibt (DVAG vertreibt nur Lebens- und Rentenversicherungen von Generali und deren Tochter AachenMünchener). Ein solcher Strukturvertrieb hat die Position eines Ausschließlichkeitsvertreters und der Versicherer haftet damit für das Verschulden seines Vertreters. Bevor Sie jedoch juristische Schritte einleiten, sollten Sie sich von einer Verbraucherzentrale oder einem unabhängigen Versicherungsberater beraten lassen und den Versicherungsombudsmann einschalten.

Falls Ihre Versicherung pleitegeht

Die Bundesanstalt für Finanzdienstleistungsaufsicht (BaFin) verlangt, dass die deutschen Versicherer sehr vorsichtig kalkulieren, um ihre Garantieleistungen auch tatsächlich erfüllen zu können. Mit inzwischen regelmäßigen „Stresstests“ prüft die BaFin, ob die Unternehmen auch in Krisenzeiten bestehen könnten. Kommt es dennoch zur Insolvenz, springt im Notfall als Sicherungseinrichtung der deutschen Lebensversicherer die Protektor AG ein.

Protektor führt die bestehenden Verträge weiter und garantiert die Erfüllung aller Leistungsversprechen. Im bisher einzigen Sanierungsfall übernahm Protektor 2003 die Verträge der Mannheimer Lebensversicherungs AG.

Hüten wie den Augapfel

Ein Kunde überließ seinem Makler seine Originalpolice, um eine Beitragsfreistellung zu beantragen. Das kam ihn teuer zu stehen. Der Makler fälschte seine Unterschrift, kündigte und ließ sich den Rückkaufswert auszahlen. Als der Kunde zum vermeintlich regulären Ablaufdatum seine Ansprüche anmeldete, ging er leer aus. Der Versicherer musste kein zweites Mal zahlen – so entschied der BGH (Az. IV ZR 16/08). Gehen Sie mit der Lebensversicherungspolice so sorgsam um wie mit Bargeld!

Beteiligung an Überschüssen

Der Kunde muss nach § 153 VVG „verursachungsorientiert" an den Überschüssen beteiligt werden. Falls der Versicherer in seinen Bedingungen keine klaren Zusagen macht, lässt diese Vorschrift viel Gestaltungsspielraum. Nach der Mindestzuführungsverordnung muss der Versicherer mindestens 50 Prozent der Kostengewinne, mindestens 75 Prozent der Risikogewinne und mindestens 90 Prozent der Zinsgewinne (Zinsen, die oberhalb des zugesagten Rechnungszinses liegen) ausschütten. Diese Vorschrift gilt aber schon dann als erfüllt, wenn die Überschüsse bilanziell in der Rückstellung für Beitragsrückerstattung (RfB) „zwischengeparkt" werden. Wann diese Gelder an den einzelnen Kunden fließen und an welche Kunden genau, ist ungewiss. Das kann der Versicherer weitgehend frei entscheiden. Nur eins ist klar: Wird Ihr im Vertrag vorhandenes Guthaben („Deckungskapital") durch die deklarierte Überschussbeteiligung erhöht, darf Ihnen das nicht mehr genommen werden. Der garantierte Rückkaufswert darf also nicht sinken.

Beteiligung an Bewertungsreserven

Seit dem 1.1.2008 müssen die Lebensversicherer ihre Kunden bei der Auszahlung an den Bewertungsreserven, früher auch „stille Reserven“ genannt, zur Hälfte beteiligen. Bewertungsreserven entstehen, wenn der Marktwert von Wertpapieren, Immobilien oder Aktien über dem in der Bilanz ausgewiesenen Buchwert liegt. Geregelt ist das in § 153 VVG und gilt sowohl bei normalem Ablauf als auch bei vorzeitiger Kündigung.

! Achtung!

Die Beteiligungsregelung klingt gut, bringt den Kunden aber unter Umständen nicht allzu viel. Denn zugeteilt wird erst am Ende. Gern rechnen die Versicherer die künftige Beteiligung an den Bewertungsreserven genau wie den Schlussüberschuss zur aktuellen laufenden Verzinsung hinzu und deklarieren dies als „Gesamtverzinsung“. Lassen Sie sich davon nicht blenden! Bewertungsreserven sind genau wie der Schlussüberschuss nicht sicher und können sehr stark gekürzt werden. Die Erfahrungen der ersten beiden Jahre der Neuregelung zeigen, dass den Versicherten aus Bewertungsreserven kaum etwas zugeflossen ist. Ob hier korrekt gerechnet wurde, lässt sich schwer überprüfen. Der Versicherungsombudsmann hat in dieser Frage bereits kapituliert und erklärte, „dass jedenfalls er nicht in der Lage ist, im Einzelfall die Ermittlung und die Berechnung der Bewertungsreserven auf ihre inhaltliche Richtigkeit hin vollumfänglich zu überprüfen“ (Jahresbericht Ombudsmann 2008).

Hoffnung durch BGH-Urteile

Am 12.10.2005 stärkte der Bundesgerichtshof (BGH) in mehreren Urteilen die Verbraucherrechte. Der BGH entschied: Wird ein Vertrag gekündigt oder beitragsfrei gestellt, so hat der Kunde Anspruch auf einen Mindestrückkaufswert. Dieser muss mindestens 50 Prozent des ungezillmerten (also nicht um die Abschlusskosten verminderten) Deckungskapitals betragen. Nach einem Urteil des OLG Köln vom 5.2.2010 (Az. 20 U 80/08) ist dies so auszulegen, dass bei der Berechnung des Rückkaufswerts keine Abschlusskosten verrechnet werden dürfen und auch kein Stornoabzug vorgenommen werden darf. Kosten für Verwaltung und Todesfallschutz dürfen hingegen abgezogen werden. So entsteht unterm Strich ein Anspruch auf knapp die Hälfte der eingezahlten Beiträge. Für die Betroffenen kann sich dadurch eine erhebliche Nachzahlung ergeben. Würden alle ihre Ansprüche geltend machen, müsste die Versicherungswirtschaft mehrere Milliarden Euro erstatten.

Diese Urteile betrafen zunächst nur Verträge, die zwischen 1995 und Ende 2001 abgeschlossen und später gekündigt oder beitragsfrei gestellt wurden. Außerdem muss der Kunde aktiv eine Nachzahlung von seinem Versicherer verlangen. Dabei wird langsam die Zeit knapp, denn Ende 2010 verjähren die Ansprüche, die sich aus den BGH-Urteilen des Jahres 2005 begründen. Wer also einen solchen Vertrag gekündigt oder beitragsfrei gestellt hat, sollte dringend bei seinem Versicherer den Anspruch anmelden.

Etwas mehr Zeit haben ehemalige Kunden einer fondsgebundenen Versicherung, denn hier hat der BGH erst am 26.9.2007 klargestellt, dass auch sie im Fall von gezillmerten (also beim Abschluss mit den vollen Abschlusskosten belasteten) Verträgen Anspruch auf höhere Rückkaufswerte haben. Bis Ende 2012 müssen die Betroffenen tätig werden.

Seit dem 20.11.2009 sind die Chancen auf Nachzahlungen auch für jene gestiegen, die ihren Vertrag zwischen 2002 und Ende 2007 geschlossen und anschließend mit Verlusten gekündigt oder beitragsfrei gestellt haben: Das LG Hamburg entschied in drei Verfahren gegen den Deutschen Ring, die Hamburg-Mannheimer (jetzt ERGO) und die Volksfürsorge (jetzt Generali) und erklärte für diese Verträge die Klauseln zur Berechnung von Rückkaufswerten für unwirksam. Für die Kunden bedeutet das höhere Rückkaufswerte und keine Stornoabschläge bei kapitalbildenden und fondsgebundenen Lebens- und Rentenversicherungen. Auch wenn die Urteile noch nicht rechtskräftig sind, sollten betroffene Kunden schon jetzt Nachforderungen bei ihrem Versicherer anmelden. Die Verbraucherzentrale Hamburg, die die Urteile erstritten hat, rechnet mit einem Nachforderungsvolumen in Höhe von 12 Milliarden Euro.

So sollten Sie vorgehen

Wenn Sie eine Lebens- oder Rentenversicherung gekündigt haben, die Sie zwischen 1995 und Ende 2001 abgeschlossen haben, sollten Sie umgehend (noch 2010!) mit Verweis auf die BGH-Urteile vom 12.10.2005 (Az. IV ZR 162/03, 177/03 und 245/03) eine Nachberechnung verlangen. Dies gilt auch, wenn Sie die Versicherung nicht gekündigt, sondern nur beitragsfrei gestellt haben. Außerdem steht Ihnen unabhängig von der Nachberechnung nach den BGH-Kriterien die Erstattung eines gegebenenfalls erhobenen Stornoabschlags in voller Höhe zu. Sollte Ihr gekündigter oder beitragsfrei gestellter Vertrag zwischen 2002 und Ende 2007 geschlossen worden sein, so verlangen Sie eine Nachberechnung und Nachzahlung mit Verweis auf die drei Urteile des LG Hamburg (Az. 324 O 1116/07, 1136/07, 1153/07) vom 20.11.2009. Lassen Sie sich bei einer Verbraucherzentrale beraten (Adressen siehe Seite 169). Ziehen Sie, wenn Sie eine größere Summe zu erwarten haben und die Versicherung hartnäckig bleibt, auch die Möglichkeit in Betracht, zu klagen.

Wer den Mund zu voll nimmt, muss halten, was er versprochen hat!

Bei Versicherungen ist es wie sonst auch im Leben: Versprechen werden oft nicht gehalten. Versicherer dürfen aber nicht mehr versprechen, als sie unter realistisch angenommenen Bedingungen halten können. Andernfalls müssen sie ihre übertriebenen Versprechen möglicherweise tatsächlich einlösen.

Schon im Jahr 2000 hat die Versicherungsaufsicht alle Lebensversicherer in dem Rundschreiben R 2/2000 darauf hingewiesen, dass „eine unsachgemäße Darstellung der Überschussbeteiligung als verbindliches Leistungsversprechen angesehen werden (könne). In diesem Fall wäre das Lebensversicherungsunternehmen verpflichtet, die ‚versprochene' Leistung vertragsgemäß zu erbringen."

Als „unsachgemäß" und „irreführend" bezeichnet die Behörde Modellrechnungen über einen langen Zeitraum, denen Zinssätze zugrunde liegen, von denen die Versicherung weiß, dass sie sie vermutlich nicht wird erzielen können. Anders ausgedrückt: Der Versicherer darf nur mit Werten rechnen, die er bei realistisch angenommenen Bedingungen auch schaffen kann.

Rechtskräftige Urteile gibt es erst wenige: So unterlag der britische Versicherer Clerical Medical sowohl vor dem LG Bamberg (Az. O 88/08) als auch vor dem OLG Bamberg (Az. 3 U 81/09). Der Versicherer hatte so exorbitante Renditen vorgerechnet, dass sich angeblich sogar die Finanzierung der Versicherung per Bankkredit lohnen sollte. Ein Kunde, der sich von diesem Versprechen täuschen ließ, bekam Recht und 250.000 Euro Schadenersatz.

In einem anderen Fall war zu klären, ob eine versprochene Überschussbeteiligung gekürzt werden darf. Die Versicherung begründete die Kürzungen mit der gestiegenen Lebenserwartung und der dadurch erforderlichen Einführung einer neuen Sterbetafel. Nicht erlaubt, urteilte der BGH am 8.7.2009 zugunsten des Kunden, weil vertraglich nicht vereinbart war, dass die Überschüsse für die Ausfinanzierung einer neuen Sterbetafel verwendet werden dürfen. Zudem wusste der Versicherer schon bei Vertragsschluss, dass die alten Sterblichkeitsannahmen für eine Kalkulation nicht länger taugten. Wer wider besseres Wissen zu viel verspreche, müsse dann genau das halten (Az. IV ZR 102/06). Ein Urteil mit erheblicher Sprengkraft, urteilt der Berliner Versicherungsmathematiker Axel Kleinlein: „Ich schätze, dass die Kunden ein Volumen von bis zu 4 Milliarden Euro verloren haben, weil durch die Einführung der neuen Sterbetafel DAV04R die Überschüsse gekürzt wurden. Das muss dringend gerichtlich überprüft und geklärt werden." Weitere positive Urteile zur Sterbetafelproblematik: OLG Düsseldorf (Az. U 139/99) und OLG Koblenz (Az. 10 U 1342/99).

Wer rechnet für Sie?

Angenommen, Ihre Überschussbeteiligung wird gekürzt oder komplett gestrichen. Oder Ihre Kapitalabfindung zum Laufzeitende ist deutlich niedriger als noch kurz zuvor mitgeteilt. Bevor Sie nun den Kampf mit Ihrer Versicherung aufnehmen, sollten Sie den Ombudsmann einschalten und eine Beratung bei einer Verbraucherzentrale (Adressen siehe Seite 169) oder einem Versicherungsberater einholen. Doch wenn Ihr Versicherer nicht einlenkt und Sie entschlossen sind, vor Gericht zu ziehen, stellt sich die Frage: Wer rechnet für Sie? Bei der komplizierten Versicherungsmaterie helfen nur unabhängige Sachverständige für Versicherungsmathematik. Gegen eine Grundgebühr von 50 bis 100 Euro prüft der Gutacher zunächst, welcher Aufwand nötig ist. Bei einem komplizierten Fall müssen Sie für eine schriftliche gutachterliche Stellungnahme mit einigen Hundert Euro Honorar rechnen. Unterm Strich kann sich das trotzdem lohnen. Ablaufleistungen und Rückkaufswerte werden häufig um 5 bis 10 Prozent korrigiert. Und wenn Sie Recht bekommen, zahlt unter Umständen die gegnerische Versicherung auch den Gutachter.

Überhöhte Ratenzahlungszuschläge?

Wer seine Beiträge nicht jährlich, sondern halb-, vierteljährlich oder gar monatlich zahlt, muss in der Regel einen Aufschlag hinnehmen. Es ist aber zweifelhaft, ob diese Praxis in der bisherigen Form überhaupt zulässig ist. Millionen Versicherungskunden können möglicherweise auf eine Rückerstattung von überhöhten Ratenzuschlägen hoffen. Der Grund ist ein Formfehler der Versicherer. Das LG Bamberg (Az. 2 O 764/04) entschied: Bei einer unterjährigen Zahlweise des Jahresbeitrags handelt es sich um einen Verbraucherkredit und deshalb muss der effektive Jahreszins genannt werden. Bei einem Zuschlag von 5 Prozent bei monatlicher Zahlweise beträgt der effektive Jahreszins 11,35 Prozent und bei einem Zuschlag von 2 Prozent bei halbjährlicher Zahlweise noch immer 8,33 Prozent.

Weil aber kein Versicherer diesen Effektivzins nennt, sind die Zuschläge – so das Bamberger Urteil – nicht zulässig und es gilt automatisch der gesetzliche jährliche Effektivzins von 4 Prozent. Das entspricht nur einem Zuschlag von 1,81 Prozent (statt 5 Prozent) bei monatlicher Zahlweise. Der Sachverhalt ging übrigens bis zum BGH, endete dort aber „nur“ mit einem Anerkenntnisurteil: Die Versicherung akzeptierte das Bamberger Urteil und verhinderte damit ein höchstrichterliches Urteil in der Sache. So muss jeder Kunde eine Reduzierung der Ratenzahlungszuschläge erneut durchsetzen. Die Verbraucherzentrale Hamburg stellt dazu unter www.vzhh.de einen Musterbrief zur Verfügung. Hofnung auf eine problemlose Rückerstattung sollte man sich allerdings nicht machen. Wer Geld zurückhaben will, muss vermutlich vor Gericht ziehen.

Der vereidigte Sachverständige für Versicherungsmathematik Peter Schramm ist überzeugt, dass sich dies lohnt – insbesondere wenn der Vertrag schon einige Jahre lief und hohe Monatsbeiträge zu zahlen sind: „Es gibt Fälle, in denen Kunden weit über 1.000 Euro zu viel bezahlt haben. Wenn sie die geltend machen, kommt es nicht selten zu einem Vergleichsangebot der Versicherung, denn die will in der Regel ein Urteil vermeiden.“

Wer kann helfen?

Eine unabhängige Beratung erhalten Sie gegen Honorar bei einem Versicherungsberater oder in Ihrer Verbraucherzentrale (siehe auch Kapitel „Wie Lebensversicherungen vertrieben werden“, ab Seite 142). Dort kennt man auch spezialisierte Anwälte, die in ähnlich gelagerten Fällen die Interessen von Versicherten vertreten. Möglicherweise brauchen Sie auch mathematischen Beistand (Adressen siehe Seite 168). In der Regel sind Versicherer erst dann bereit, selbst noch einmal genau nachzurechnen, wenn man ihnen nachvollziehbar darlegt, dass ihr Ergebnis falsch ist.

Eine wichtige Instanz für unzufriedene Kunden ist der Ombudsmann für Versicherungen. Traditionell betreffen die meisten Beschwerden, die bei ihm eingehen, den Bereich Lebens- und Rentenversicherung. Er kann bis zu einem Streitwert von 5.000 Euro für den Versicherer bindend entscheiden. Das heißt, wenn Sie Recht bekommen, ist die Versicherung daran gebunden. Bekommt die Versicherung Recht, können Sie trotzdem klagen. Das ist offenbar häufig nötig: In nur 16 Prozent der Beschwerden gibt der Ombudsmann den Kunden Recht.

Noch deutlich kritischer bewerten Verbraucherschützer hingegen den Wert von Beschwerden bei der Aufsichtsbehörde BaFin. Die Behörde bittet die betroffene Versicherung um eine Stellungnahme, prüft diese und leitet das Ergebnis dann an den Verbraucher weiter. Die BaFin prüft den Sachverhalt jedoch rein aufsichtsrechtlich – wenn (wie meist) etwas zivilrechtlich strittig ist, muss sie auf ordentliche Gerichte verweisen. Die BaFin sieht ihre Hauptaufgabe darin, den Bestand und die Zahlungsfähigkeit der Versicherer zu gewährleisten. Kundenbeschwerden gegenüber den Unternehmen durchzusetzen ist kein Ziel der Behörde. Ein Gutes haben BaFin-Beschwerden trotzdem: Die Behörde veröffentlicht jährlich eine Beschwerdestatistik. Dort kann jeder nachlesen, welche Versicherung die unzufriedensten Kunden hat (siehe Kapitel „Wem laufen die Kunden davon?", ab Seite 159).

Neue Verjährungsfrist

Die Verjährungsfrist beträgt seit der Neufassung des Versicherungsvertragsgesetzes (1.1.2008) drei Jahre. Zuvor galt für Lebensversicherungsverträge eine Frist von fünf Jahren. Übervorteilte Kunden müssen sich also beeilen. Die Dreijahresfrist beginnt mit dem Jahr, das dem Jahr folgt, in dem Sie Ihren Anspruch erstmals geltend machen konnten.

Tipp: Ombudsmann einschalten!

Der Hamburger Versicherungsberater Rüdiger Falken rät seinen Mandanten, in Streitfällen zuerst den Ombudsmann einzuschalten: „Das ist kostenlos und hat schon in vielen Fällen geholfen. Selbst wenn Sie keinen Erfolg haben sollten, haben Sie aufgrund der besser geklärten Faktenlage eine Entscheidungshilfe bei der Frage: Sollen wir klagen oder nicht? Eine Beschwerde bei der Aufsichtsbehörde BaFin können Sie sich hingegen schenken. Das bringt nach meiner Erfahrung nichts."

Rettung steckt oft im Detail

Die Allgemeinen Versicherungsbedingungen (AVB) sind oft voller Fallstricke. Doch manchmal bieten sie auch überraschende Chancen für die Kunden, wie Peter Schramm, vereidigter Sachverständiger für Versicherungsmathematik, herausgefunden hat: „Ich entdecke immer wieder erstaunliche Details. Wird zum Beispiel bei der Erläuterung der Überschussbeteiligung formuliert, dass die Überschussbeteiligung sinken kann, wenn die Risikoüberschüsse fallen und sonst nichts, kann das so interpretiert werden, dass tatsächlich nur, wenn die Risikoüberschüsse fallen, die Überschussbeteiligung sinken darf. Fallende Zins- und Kostenüberschüsse bleiben dann ohne negative Folgen für den Kunden". Viele Versicherer hätten „aus Schusseligkeit solche Leichen im AVB-Keller" und es komme nur darauf an, dass ein Kunde das vor Gericht bringe, so Schramm: „Er wird dann allerdings vermutlich ‚ohne Anerkennung von Rechtsgründen' abgefunden, weil der Versicherer es in der Regel nicht zu einem Urteil kommen lassen will."

Wie Lebensversicherungen vertrieben werden und wer unabhängig berät

Renten- und Lebensversicherungen werden noch immer überwiegend vom klassischen Versicherungsvertreter an den Mann und die Frau gebracht. Daneben gibt es selbstständige Mehrfachagenten, Mitarbeiter von Allfinanzunternehmen (oft Strukturvertriebe) und Makler. Ende 2009 waren beim Deutschen Industrie- und Handelskammertag (www.vermittlerregister.info) über 255.000 Versicherungsvermittler registriert. Was Ihre Kundenrechte anbelangt, ist es nicht unwichtig, wer bei Vertragsschluss Ihr Partner ist. Für alle Versicherungsvermittler gilt, dass seit 2008 ein Beratungsprotokoll vorgeschrieben ist. Darin wird festgehalten, welche Vorgaben Sie dem Vermittler machen, was er Ihnen vorschlägt und wie er seine Auswahl zugunsten eines bestimmten Produkts begründet. Auf dieses Protokoll sollten Sie keinesfalls verzichten. Es kann in einem späteren Rechtsstreit wertvoll sein.

Ganz gleich ob Vertreter, Makler oder sonstige Vermittler – diese Vertriebskanäle sind allesamt teuer. Provision und übrige Abschlusskosten schlucken bis zu 10 Prozent der Beiträge, die Sie über die gesamte Laufzeit einzahlen. Es geht auch preiswerter, mit einer Direktversicherung.

Direktversicherer

Bei einem Direktversicherer können Sie ohne Außendienst oder Vermittler – eben direkt – einen Vertrag abschließen. Das ist kostengünstig, denn die Provision für den Vermittler entfällt und Ihr Vertrag wird nur mit geringen Abschlusskosten belastet. Dennoch können Sie nicht sicher sein, dass am Ende mehr rauskommt als beim Versicherer mit klassischem Vertrieb. Legt der Direktvertrieb Ihr Geld schlecht an, nutzen Ihnen die geringen Kosten wenig. Direktversicherer sind in der Regel Töchter von bekannten Versicherungsgesellschaften (nachfolgend in Klammern aufgeführt): Asstel (Gothaer), CosmosDirekt (AachenMünchener), Europa (Die Continentale), Hannoversche Leben (VHV-Gruppe), Delta Direkt (LV von 1871), HDI24 (HDI-Gerling), HUK 24 (HUK-Coburg), ERGO Direkt (ERGO), Ontos (Rheinland Versicherungsgruppe).

Versicherungsvertreter

Der klassische Vertreter vertritt – wie der Name schon sagt – eine Versicherung (Ausschließlichkeitsvertreter). Die bezahlt ihn und haftet für alles, was der Vertreter Ihnen verspricht. Im Streitfall können Sie also direkt gegen die Versicherung vorgehen, haben allerdings auch die Möglichkeit, direkt vom Vertreter Schadenersatz zu verlangen (§ 63 VVG). Eine unabhängige Beratung dürfen Sie von einem Einfirmenvertreter nicht erwarten. Er ist nicht Ihnen, sondern seiner Versicherung verpflichtet. Er kann und darf Ihnen also gar nicht das günstigere oder bessere Angebot einer anderen Versicherung empfehlen. Ein guter Vertreter wird allerdings versuchen, Sie durch ordentliche Betreuung langfristig zu binden und Sie bei der Regulierung von Schadensfällen zu unterstützen. Wenn Sie hingegen Unterstützung in einem Rechtsstreit mit der Versicherung benötigen, sollten Sie nicht auf den Vertreter zählen. Lassen Sie sich seine Zusagen stets schriftlich bestätigen, damit Sie später nicht in Beweisnot geraten. Einfirmenvertreter benötigen nicht die seit 2007 vorgeschriebene offizielle Erlaubnis für die Versicherungsvermittlung. Da sie im Auftrag eines Versicherungsunternehmens unterwegs sind, muss dieses die nötige Qualifikation seiner Vertreter sicherstellen.

Mehrfachagenten

Der Mehrfachagent vermittelt als selbstständiger Vertreter die Produkte mehrerer Versicherungen. Als echter Mehrfachagent hat er konkurrierende Lebensversicherungen im Angebot und kann Ihnen somit ein größeres Leistungsspektrum bieten. Trotzdem ist er nicht wirklich unabhängig, sondern bleibt primär den Versicherungsunternehmen verpflichtet, mit denen er Verträge hat. Als Vermittler haftet er für seine Beratung und Vermittlung gegenüber dem Kunden (§ 63 VVG). Deshalb muss er eine Berufshaftpflichtversicherung abschließen und eine Sachkundeprüfung bei der Industrie- und Handelskammer ablegen. Es gibt auch „unechte" Mehrfachagenten, die zwar Produkte mehrerer Versicherer anbieten, die aber nicht in Konkurrenz zueinander stehen. Unechte Mehrfachagenten werden behandelt wie Ausschließlichkeitsvertreter. In diesem Fall haben Sie also direkte Ansprüche gegen das Versicherungsunternehmen, das er vertritt.

Allfinanz- oder Strukturvertriebe

Als Strukturvertriebe gelten zum Beispiel Organisationen wie die Deutsche Vermögensberatung (DVAG), die OVB oder der AWD. Sie sind oft im Besitz von einem oder mehreren Versicherungsunternehmen und vermitteln vorrangig deren Produkte oder solche ausgewählter Kooperationspartner. Ihre Mitarbeiter sind meist nicht fest angestellt, sondern leben von den Provisionen der vermittelten Versicherungen. Der Name „Strukturvertrieb" beschreibt eine streng hierarchisch aufgebaute Mitarbeiterstruktur. Die Vermittler müssen große Teile ihrer Provision an die in der Hierarchie über ihnen stehenden Vermittler und Bereichsleiter abtreten. So steht jeder Vermittler unter sehr hohem Druck, viele und vor allem gut provisionierte Produkte zu verkaufen, damit auch für ihn noch etwas übrig bleibt. Zudem hat er den Anreiz, mit guten Verkaufszahlen in der Hierarchie schnell aufzusteigen, damit er künftig Provisionsanteile von den unter ihm stehenden Vermittlern erhält. Die Beratungsqualität bleibt in einem solchen System des schnellen Geschäfts leicht auf der Strecke. Zwar werben die Allfinanzvertriebe mit einer „objektiven" oder „persönlichen" Finanz- und Versicherungsberatung und bieten Ihnen tatsächlich eine kostenlose Analyse Ihrer Finanzsituation. Es folgen dann aber häufig Vorschläge, wie Sie Ihre alten Versicherungen und Geldanlagen kündigen und durch neue Verträge aus dem Angebot des Strukturvertriebs ersetzen sollten. Dabei werden die Kunden durch den „Finanzberater" nicht selten massiv zum Abschluss gedrängt. Er kennt nach der Eingangsanalyse den finanziellen Spielraum seiner Kunden und reizt diesen oft bis zum Limit aus.

Versicherungsmakler

Der Makler ist im Vergleich zum reinen Vermittler deutlich unabhängiger: Seine Aufgabe ist es, den gesamten Markt zu sondieren und das für Sie optimale Angebot auszuwählen. Streng genommen schließen Sie als Kunde einen Beratungs- und Vermittlungsvertrag mit dem Makler. Dadurch hatten Sie auch schon vor Einführung der

Vermittlerhaftung Schadenersatzansprüche gegen einen Makler, wenn sich herausstellte, dass der vermittelte Versicherungsschutz offenkundig an Ihren Bedürfnissen vorbeiging. Auch der Makler lebt von der Provision. Logisch also, dass sehr gut provisionierte Produkte besondere Beachtung finden. Gleichzeitig ist der Makler an einer langfristigen stabilen Kundenbindung interessiert. Ein guter Makler wird Ihnen also qualitativ gute Produkte liefern, die aber auch ihren Preis haben. Nur von gering oder nicht provisionierten Produkten kann ein Makler nicht leben.

Versicherungsberater

Versicherungsberater dürfen keine Versicherungen vermitteln und auch keine Provisionen kassieren, sondern beraten in Versicherungsfragen gegen ein Honorar. Sie sind folglich wirklich unabhängig – aber auch nicht ganz billig: Pro Stunde müssen Sie mit 100 bis 150 Euro rechnen. Da die Berater unterschiedlich verfahren – manche rechnen strikt nach halben oder vollen Stunden ab, andere verlangen eine Pauschale pro Beratung –, sollten Sie die Honorarhöhe vorher abklären. Die Versicherungsberater sind meist auf bestimmte Gebiete spezialisiert. Klären Sie deshalb im Vorfeld, ob sich der Versicherungsberater auch tatsächlich im Bereich der Privatrenten und Lebensversicherungen optimal auskennt. Bundesweit gibt es weniger als 200 Versicherungsberater. Eine Übersicht finden Sie unter **www.bvvb.de.**

Verbraucherzentralen

Unabhängige Beratung erhalten Sie in Ihrer Verbraucherzentrale (Adressen siehe Seite 169). Für eine ausführliche Versicherungsberatung sollten Sie einen Termin machen und müssen mit Kosten von 35 Euro für eine halbe Stunde rechnen. Tipps und Informationen zu aktueller Gesetzgebung und Rechtsprechung erhalten Sie unter **www.vzbv.de.** Unter www.verbraucherzentrale.de finden Sie Links, um zur Verbraucherzentrale Ihres Bundeslands zu gelangen. Einzelne Verbraucherzentralen bieten auch Versicherungsberatung bei der Regulierung von Schadensfällen an.

So finden Sie einen guten Lebensversicherer

Die Kriterien für einen guten Lebensversicherer sind klar:
Er sollte

- kostengünstig arbeiten,
- Ihr Geld am Kapitalmarkt sicher und ertragreich anlegen,
- Sie gut beraten und fair an den Überschüssen beteiligen.

Für diese Anforderungen gibt es Kennziffern. Überwiegend stützen wir uns auf die Daten der staatlichen Aufsichtsbehörde BaFin, des Branchendienstes map-report und der Studie zur Überschussbeteiligung 2010 der Ratingagentur Assekurata. Auf den folgenden Seiten erfahren Sie unter anderem, wer über mehrere Jahre die niedrigsten Kosten ausgewiesen und die meisten Zinsen herausgeholt hat. Sie erfahren, wer aktuell seine Kunden am besten an den Überschüssen beteiligt und wer über einen Zeitraum von 30 Jahren derzeit die höchsten Ablaufleistungen erbringt. Dabei ist klar: Die meisten Kennziffern sagen etwas über die Vergangenheit aus. Ob die Gesellschaften mit den besten Werten in den letzten Jahren auch künftig spitze sein werden, weiß niemand. Unwahrscheinlich ist hingegen, dass Anbieter, die über viele Jahre schlechte Daten abgeliefert haben, künftig Spitzenleistungen bringen werden.

Was kosten Verwaltung und Vertrieb?

Hohe **Abschlusskosten** sind ein Grundärgernis von Lebensversicherungen. Was für Vertrieb und Werbung draufgeht, steht für die Kapitalanlage nicht zur Verfügung. Weil diese Kosten den Vertrag gleich zu Beginn belasten, sind die Rückkaufswerte in den ersten Jahren so gering.

Wichtig zu wissen ist deshalb: Welche Versicherer kassieren besonders viel und welche besonders wenig für den Abschluss?

Abschlusskosten

Anbieter	
EUROPA	0,28 %
CosmosDirekt	0,53 %
Hannoversche Leben	0,60 %
ASSTEL	1,57 %
HUK-COBURG	1,61 %
DEVK Allgemeine AG	1,94 %
TARGO (früher CiV)	1,98 %
Provinzial Hannover	2,14 %
WWK	2,42 %
Die Continentale	2,45 %
ALTE LEIPZIGER	2,59 %
LVM	2,66 %
PBV (früher BHW)	2,74 %
DEVK a.G.	2,75 %
Provinzial Rheinland	2,76 %
Debeka	2,79 %
neue leben	2,81 %
LV von 1871	2,90 %
R+V	2,93 %
Nürnberger	2,94 %
Volkswohl Bund	3,09 %
DBV	3,13 %
ERGO Direkt (früher KarstadtQuelle)	3,16 %
Sparkassen-Versicherung Sachsen	3,18 %
Branche	3,30 %

Anbieter	
Provinzial NordWest	3,48 %
GENERALI	3,77 %
SV SparkassenVersicherung	3,84 %
Swiss Life	3,94 %
Heidelberger	3,96 %
AXA	3,97 %
Stuttgarter	4,00 %
AachenMünchener	4,02 %
Bayerische Beamten (BBV)	4,05 %
Delta Lloyd (früher Berlinische)	4,05 %
Victoria (jetzt ERGO)	4,11 %
Bayern-Versicherung	4,21 %
Württembergische	4,27 %
HDI-Gerling	4,59 %
Gothaer	4,62 %
Allianz	4,71 %
SIGNAL IDUNA	5,04 %
Zurich Deutscher Herold	5,05 %
Deutsche Ärzteversicherung	5,54 %
Aspecta	6,10 %
Deutscher Ring	6,18 %
VPV	6,22 %
Hamburg-Mannheimer (jetzt ERGO)	6,45 %
Condor	6,72 %
Skandia	7,10 %
ARAG	7,92 %

Angabe der Abschlusskosten in Prozent der Versicherungssumme des Neugeschäfts im Durchschnitt der Jahre 2004 bis 2008. Berücksichtigt wurden die 50 größten Versicherer des Jahres 2008. Anmerkung: Da die Versicherungssumme höher ist als die Summe der zu zahlenden Beiträge, liegt der prozentuale Anteil der Abschlusskosten an den gezahlten Beiträgen noch höher als hier angegeben. Die Tabelle begünstigt tendenziell Versicherer mit einem hohen Anteil an Risikolebensversicherungen, da bei gleich hohen Versicherungssummen deutlich geringere Provisionen anfallen.
(Quelle: BaFin; eigene Berechnung)

Verwaltungskosten

Anbieter	
EUROPA	0,82 %
neue leben	0,96 %
Hannoversche Leben	1,36 %
CosmosDirekt	1,38 %
Debeka	1,54 %
Allianz	1,64 %
Bayern-Versicherung	1,78 %
HUK-COBURG	1,78 %
DEVK Allgemeine AG	1,86 %
Provinzial Rheinland	1,90 %
Provinzial Hannover	1,96 %
Sparkassen-Versicherung Sachsen	1,96 %
LVM	2,10 %
R+V	2,18 %
Volkswohl Bund	2,18 %
Provinzial NordWest	2,20 %
LV von 1871	2,50 %
ASSTEL	2,54 %
DEVK a.G.	2,68 %
Stuttgarter	2,76 %
Die Continentale	2,78 %
Skandia	2,88 %
HDI-Gerling	2,90 %
ERGO Direkt (früher KarstadtQuelle)	2,90 %
Zurich Deutscher Herold	2,92 %
Victoria (jetzt ERGO)	2,96 %
AachenMünchener	3,02 %
SV SparkassenVersicherung	3,04 %
Württembergische	3,08 %
Branche	3,12 %
Gothaer	3,14 %
AXA	3,22 %
GENERALI (vor 2007 inklusive Volksfürsorge)	3,24 %
Swiss Life	3,34 %
Deutsche Ärzteversicherung	3,50 %
WWK	3,60 %
Deutscher Ring	3,62 %
ALTE LEIPZIGER	3,64 %
Aspecta	3,78 %
VPV	3,80 %
Delta Lloyd (früher Berlinische)	4,02 %
Nürnberger	4,08 %
DBV	4,12 %
SIGNAL IDUNA	4,26 %
Condor	4,36 %
ARAG	4,48 %
PBV (früher BHW)	4,54 %
Bayerische Beamten (BBV)	4,60 %
Hamburg-Mannheimer (jetzt: ERGO)	5,82 %
Heidelberger	11,18 %
TARGO (früher: CiV)	23,86 %

Angabe der Verwaltungskosten in Prozent der verdienten Bruttobeiträge. Der Wert zeigt, wie viel Prozent der Beitragseinnahmen im Durchschnitt der Jahre 2004 bis 2008 für Verwaltungskosten ausgegeben wurde. Berücksichtigt wurden die 50 größten Versicherer des Jahres 2008. Anmerkung: TARGO begründet die hohen Kosten mit dem traditionell hohen Anteil an besonders kostenintensiven Restschuldversicherungen.
(Quelle: BaFin; eigene Berechnung)

Die von uns angegebene Kennziffer in der Tabelle „Abschlusskosten“ setzt die Abschlusskosten der Versicherer ins Verhältnis zur Versicherungssumme ihres Neugeschäfts. Lesebeispiel: Im Branchenschnitt fallen Abschlusskosten in Höhe von 3,3 Prozent der Versicherungssumme des Neugeschäfts an. Wer deutlich über dem Branchenschnitt liegt, produziert besonders hohe Kosten zulasten der Kunden.

Außer Abschlusskosten fallen Jahr für Jahr Verwaltungskosten an. Auch hier sind die Unterschiede verblüffend. Sehr teure Versicherer produzieren bezogen auf ihre Einnahmen rund sechsmal höhere Verwaltungskosten als sehr sparsame. Kostengünstige Versicherer können höhere Garantieleistungen versprechen und gegebenenfalls aus Kostengewinnen Überschüsse zuteilen. Teure Anbieter müssen hingegen vermutlich bei den Leistungen „knappsen“. Nicht enthalten in den Verwaltungskosten sind die Kosten der Kapitalanlage bei Anbietern klassischer Produkte und Fondskosten bei Anbietern fondsgebundener Produkte.

Wer erzielt die höchsten Erträge?

Wenn Profis Geld anlegen, sind die Unterschiede beim Ertrag am Ende minimal, denken viele. Ein Irrtum, wie die Tabelle „Bruttozinserträge der Versicherer“ belegt. Die besten Versicherer holen mit der Anlage Ihres Geldes rund 50 Prozent (!) mehr heraus als die schlechtesten. Das ist sehr wichtig, denn außer niedrigen Abschluss- und Verwaltungskosten ermöglichen erst gute Erträge der Kapitalanlagen hohe Überschussbeteiligungen. Nur wer über viele Jahre hinweg ein gutes Anlagemanagement betreibt, kann das Deckungskapital seiner Kunden dauerhaft ordentlich verzinsen.

Bruttozinserträge der Versicherer

Anbieter	
DEVK a.G.	5,66 %
Debeka	5,60 %
Stuttgarter	5,36 %
DEVK Allgemeine AG	5,32 %
ASSTEL	5,26 %
Volkswohl Bund	5,22 %
ALTE LEIPZIGER	5,16 %
Barmenia	5,12 %
ERGO Direkt (früher KarstadtQuelle)	5,10 %
R+V	5,08 %
EUROPA	5,08 %
Provinzial NordWest	4,98 %
GENERALI (vor 2007 inklusive Volksfürsorge)	4,96 %
Bayerische Beamten (BBV)	4,94 %
Allianz	4,90 %
Württembergische	4,90 %
HUK-COBURG	4,86 %
Condor	4,84 %
Bayern-Versicherung	4,84 %
Provinzial Rheinland	4,80 %
Swiss Life	4,76 %
Hamburg-Mannheimer (jetzt ERGO)	4,74 %
DBV	4,74 %
Sparkassen-Versicherung Sachsen	4,74 %
Dialog	4,74 %
SIGNAL IDUNA	4,72 %
Branche	4,70 %

Anbieter	
Hannoversche Leben	4,68 %
neue leben	4,66 %
PBV Leben (früher BHW)	4,64 %
TARGO (früher CiV)	4,64 %
Die Continentale	4,64 %
HDI-Gerling (2004/2005: Gerling)	4,62 %
LVM	4,62 %
VPV	4,60 %
Gothaer	4,56 %
Provinzial Hannover	4,56 %
Familienfürsorge	4,54 %
SV SparkassenVersicherung	4,54 %
VPV	4,60 %
Gothaer	4,56 %
Provinzial Hannover	4,56 %
Familienfürsorge	4,54 %
SV SparkassenVersicherung	4,54 %
Helvetia	4,52 %
CosmosDirekt	4,50 %
AXA	4,46 %
LV von 1871	4,46 %
Deutsche Ärzteversicherung	4,30 %
Deutscher Ring	4,28 %
AachenMünchener	4,16 %
Zurich Deutscher Herold	4,12 %
Victoria (jetzt ERGO)	4,12 %
Delta Lloyd (früher Berlinische)	4,04 %
Nürnberger	3,84 %
WWK	3,52 %

Durchschnittliche laufende Verzinsung der Kapitalanlagen der Jahre 2004 bis 2008 in Prozent des jeweils durchschnittlichen Kapitalanlagebestands. Anbieter ausschließlich fondsgebundener Produkte wurden nicht berücksichtigt.
(Quelle: BaFin; eigene Berechnung)

Die von uns ausgewiesene Bruttoverzinsung zeigt, wie zinsstark die 50 größten deutschen Versicherer (ohne Anbieter, die ausschließlich auf fondsgebundene Produkte setzen) ihr Kapital über einen Zeitraum von fünf Jahren angelegt haben. Die Unterschiede von rund 2 Prozentpunkten zwischen Spitzenreiter und Schlusslicht sind gravierend. Diese Kennziffer darf nicht mit der deklarierten laufenden Gesamtverzinsung verwechselt werden, die dem einzelnen Vertrag gutgeschrieben wird.

Wer deklariert die höchsten Zinsen?

Hohe Zinsen am Kapitalmarkt zu erwirtschaften ist wichtig. Noch wichtiger ist jedoch, was von diesen Zinsen auch tatsächlich beim Kunden ankommt. Die wichtigste Kennziffer hierbei ist die deklarierte laufende Überschussbeteiligung. Mit diesem Prozentsatz wird das im Vertrag vorhandene Deckungskapital verzinst (inklusive Rechnungszins). Ein sehr hoher Wert ist also günstig für die Versicherten. Die Unterschiede sind enorm: Starke Versicherer deklarieren ein Drittel mehr Zinsen als schwache. Zu beachten sind allerdings auch die Kosten (siehe „Was kosten Verwaltung und Vertrieb?“, Seite 149). Denn verzinst wird letztlich nur, was tatsächlich in den Vertrag fließt.

In der folgenden Darstellung sind nur die Deklarationen des Jahres 2010 für die jüngste Tarifgeneration (mit einem Rechnungszins von 2,25 Prozent) berücksichtigt. Die Werte der Tabelle gelten also für Verträge, die seit 2007 abgeschlossen wurden. Einige Versicherer verzinsen das Deckungskapital für ältere Tarifgenerationen schlechter (siehe „Wer behandelt seine Bestandskunden fair?“, ab Seite 161).

Laufende deklarierte Verzinsung 2010

<table>
<tr><th colspan="5">Inkl. Rechnungszins, ohne Schlussüberschüsse und Beteiligung an den Bewertungsreserven</th></tr>
<tr><th rowspan="2">Anbieter</th><th>KLV</th><th>RV*</th><th>Riester</th><th>Rürup</th></tr>
<tr><th colspan="4">Angaben in Prozent</th></tr>
<tr><td>EUROPA</td><td colspan="2">4,80</td><td>k. A.</td><td>4,80</td></tr>
<tr><td>TARGO (früher CiV)</td><td colspan="4">4,80</td></tr>
<tr><td>Volkswohl Bund</td><td colspan="4">4,75</td></tr>
<tr><td>Fortis</td><td>4,40</td><td colspan="3">4,70</td></tr>
<tr><td>Die Continentale</td><td colspan="4">4,60</td></tr>
<tr><td>Debeka</td><td colspan="4">4,60</td></tr>
<tr><td>neue leben</td><td colspan="4">4,60</td></tr>
<tr><td>Stuttgarter</td><td colspan="4">4,60</td></tr>
<tr><td>LVM</td><td colspan="4">4,55</td></tr>
<tr><td>Deutscher Ring</td><td colspan="2">4,50</td><td>k. A.</td><td>4,50</td></tr>
<tr><td>HanseMerkur</td><td colspan="4">4,50</td></tr>
<tr><td>Mecklenburgische</td><td colspan="4">4,50</td></tr>
<tr><td>PBV</td><td colspan="4">4,50</td></tr>
<tr><td>Neue Bayerische Beamten</td><td colspan="4">4,50</td></tr>
<tr><td>Basler</td><td colspan="4">4,48</td></tr>
<tr><td>Concordia</td><td colspan="4">4,40</td></tr>
<tr><td>DEVK a.G.</td><td colspan="2">4,40</td><td>4,20</td><td>4,40</td></tr>
<tr><td>Itzehoer</td><td colspan="4">4,35</td></tr>
<tr><td>Öffentl. Sachsen- Anhalt</td><td colspan="4">4,35</td></tr>
<tr><td>Allianz</td><td colspan="4">4,30</td></tr>
<tr><td>AXA</td><td colspan="2">4,30</td><td>3,60</td><td>4,30</td></tr>
<tr><td>Condor</td><td colspan="4">4,30</td></tr>
<tr><td>DEVK Allgemeine AG</td><td colspan="2">4,30</td><td>4,10</td><td>4,30</td></tr>
<tr><td>DIREKTE LEBEN</td><td colspan="3">4,30</td><td>k. A.</td></tr>
<tr><td>Deutsche Ärzteversicherung</td><td colspan="2">4,30</td><td>3,60</td><td>4,30</td></tr>
<tr><td>SIGNAL IDUNA</td><td colspan="4">4,30</td></tr>
<tr><td>R+V</td><td colspan="4">4,30</td></tr>
<tr><td>Süddeutsche</td><td colspan="2">4,30</td><td>k. A.</td><td>4,30</td></tr>
<tr><td>VHV</td><td colspan="2">4,30</td><td>k. A.</td><td>4,30</td></tr>
<tr><td>WGV-Schwäbische</td><td colspan="2">4,30</td><td>k. A.</td><td>4,30</td></tr>
<tr><td>Provinzial NordWest</td><td>4,10</td><td colspan="3">4,30</td></tr>
<tr><td>CosmosDirekt</td><td colspan="4">4,25</td></tr>
<tr><td>Familienfürsorge</td><td colspan="4">4,25</td></tr>
<tr><td>Hannoversche Leben</td><td colspan="4">4,25</td></tr>
</table>

...›

* in der Aufschubphase; k. A.= keine Angabe, diese Produkte werden in der Regel vom jeweiligen Versicherer im Neugeschäft nicht mehr angeboten.
Sortiert nach Deklarationshöhe der Rentenversicherung.
(Quelle: Assekurata-Studie zur Überschussbeteiligung 2010)

Laufende deklarierte Verzinsung 2010 (Fortsetzung)

<table>
<tr><th colspan="5">Inkl. Rechnungszins, ohne Schlussüberschüsse und Beteiligung an den Bewertungsreserven</th></tr>
<tr><th rowspan="2">Anbieter</th><th>KLV</th><th>RV*</th><th>Riester</th><th>Rürup</th></tr>
<tr><th colspan="4">Angaben in Prozent</th></tr>
<tr><td>HUK-COBURG</td><td colspan="4">4,25</td></tr>
<tr><td>Karlsruher LV</td><td colspan="4">4,25</td></tr>
<tr><td>Provinzial Hannover</td><td colspan="4">4,25</td></tr>
<tr><td>oeco capital</td><td>k. A.</td><td colspan="3">4,25</td></tr>
<tr><td>AachenMünchener</td><td colspan="4">4,20</td></tr>
<tr><td>Öffentl. Oldenburg</td><td colspan="4">4,20</td></tr>
<tr><td>Bayern-Versicherung</td><td colspan="4">4,15</td></tr>
<tr><td>ALTE LEIPZIGER</td><td colspan="4">4,10</td></tr>
<tr><td>ERGO Direkt (früher KarstadtQuelle)</td><td colspan="3">4,10</td><td>k. A.</td></tr>
<tr><td>Provinzial Rheinland</td><td colspan="2">4,10</td><td>4,00</td><td>4,10</td></tr>
<tr><td>Swiss Life</td><td colspan="4">4,10</td></tr>
<tr><td>Helvetia</td><td>k. A.</td><td>4,10</td><td>3,75</td><td>4,10</td></tr>
<tr><td>SV SparkassenVersicherung</td><td colspan="4">4,05</td></tr>
<tr><td>Barmenia</td><td colspan="4">4,00</td></tr>
<tr><td>DBV</td><td colspan="4">4,00</td></tr>
<tr><td>GENERALI</td><td colspan="4">4,00</td></tr>
<tr><td>Hamburg-Mannheimer (jetzt ERGO)</td><td colspan="4">4,00</td></tr>
<tr><td>HDI-Gerling</td><td colspan="4">4,00</td></tr>
<tr><td>Heidelberger</td><td colspan="4">4,00</td></tr>
<tr><td>Ideal</td><td colspan="2">4,00</td><td colspan="2">k. A.</td></tr>
<tr><td>Nürnberger</td><td colspan="4">4,00</td></tr>
<tr><td>SparkassenVersicherung Sachsen</td><td colspan="4">4,00</td></tr>
<tr><td>WWK</td><td colspan="2">4,00</td><td>4,60</td><td>4,00</td></tr>
<tr><td>Öffentl. Braunschweig</td><td colspan="4">4,00</td></tr>
<tr><td>Saarland</td><td colspan="4">4,00</td></tr>
<tr><td>ASSTEL</td><td>3,80</td><td>4,00</td><td>4,30</td><td>4,00</td></tr>
<tr><td>Gothaer</td><td>3,80</td><td>4,00</td><td>4,30</td><td>4,00</td></tr>
<tr><td>Württembergische</td><td colspan="4">3,90</td></tr>
<tr><td>LV von 1871</td><td colspan="2">3,85</td><td>k. A.</td><td>3,85</td></tr>
<tr><td>Öffentl. Berlin-Brandenburg</td><td colspan="4">3,80</td></tr>
<tr><td>Zurich Deutscher Herold</td><td colspan="4">3,80</td></tr>
<tr><td>Victoria (jetzt ERGO)</td><td colspan="4">3,70</td></tr>
<tr><td>Inter</td><td colspan="4">3,50</td></tr>
<tr><td>uniVersa</td><td colspan="4">3,50</td></tr>
</table>

* in der Aufschubphase; k. A.= keine Angabe, diese Produkte werden in der Regel vom jeweiligen Versicherer im Neugeschäft nicht mehr angeboten. Sortiert nach Deklarationshöhe der Rentenversicherung.
(Quelle: Assekurata-Studie zur Überschussbeteiligung 2010)

Wer zahlt aktuell am meisten aus?

Auch bei Lebensversicherungen gilt der Grundsatz: Entscheidend ist, was am Ende rauskommt. Der Branchendienst map-report veröffentlicht regelmäßig die Ablaufleistungen von Kapitallebensversicherungen. Nach 30 Jahren Laufzeit mit einem Jahresbeitrag von 1.200 Euro sind die Ergebnisse bei den Spitzenreitern beeindruckend: Zu Beitragszahlungen von insgesamt 36.000 Euro kommen Zinsen und Überschüsse in Höhe von rund 70.000 Euro, sodass deutlich über 100.000 Euro ausgezahlt werden – eine Beitragsrendite von über 6 Prozent! Auffällig ist, dass die Branchenriesen unter den Spitzenreitern kaum vertreten sind. Wer besonders viel verkauft, ist also nicht zwingend auch besonders gut.

Und die Unterschiede zwischen starken und schwachen Versicherern sind gewaltig: Der Spitzenreiter zahlt über 20.000 Euro mehr aus als der Branchenschnitt.

Doch Achtung! Die Tabelle sagt nichts über die Zukunft. Sie zeigt nur, welche Versicherer in der Vergangenheit die richtigen Entscheidungen für ihre Kunden getroffen haben. Erst in der Zusammenschau mit den heutigen Leistungsdaten erlaubt sie eine vorsichtige Prognose, von welcher Gesellschaft man auch in Zukunft gute Leistungen erwarten kann. Nahezu sicher ist, dass die hier dargestellten Werte beim gegenwärtig niedrigen Zinsniveau mit Neuverträgen nicht erreicht werden können.

Top 30 nach 30 Jahren Laufzeit

Kapitallebensversicherung, Mann, Eintrittsalter 30 Jahre, Laufzeit 30 Jahre, jährlicher Beitrag 1.200 Euro (vorschüssig), Auszahlung zum 31.12.2010.			
Rang	Unternehmen	Ablaufleistung in Euro	Rendite auf den Beitrag in %
	Branche	86.626	5,19
1	Debeka	108.825	6,42
2	neue leben	104.499	6,21
3	EUROPA	99.065	5,92
4	DEVK a.G.	99.045	5,92
5	HUK-COBURG	99.022	5,92
6	Karlsruher	96.124	5,76
7	Süddeutsche	94.121	5,64
8	R+V	92.927	5,57
9	Öffentl. Braunschweig	91.528	5,49
10	LVM	91.405	5,48
11	Allianz	91.453	5,48
12	DEVK Allgemeine	91.298	5,48
13	ASSTEL	90.722	5,44
14	Hannoversche	90.637	5,44
15	Stuttgarter	90.506	5,43
16	Volkswohl Bund	89.558	5,37
17	Die Continentale	89.476	5,37
18	Provinzial NordWest	89.436	5,36
19	VGH	89.094	5,34
20	CosmosDirekt	88.160	5,28
21	LV von 1871	87.021	5,21
22	Bayern-Versicherung	86.503	5,18
23	Basler	85.768	5,13
24	Provinzial Rheinland	85.538	5,12
25	AachenMünchener	84.551	5,06
26	Saarland	84.174	5,03
27	DBV	83.997	5,02
28	Öffentl. Oldenburg	83.802	5,01
29	Inter	83.714	5,00
30	Concordia	83.147	4.96

(Quelle: map-report Nr. 731–733)

Wem laufen die Kunden davon?

Außer den harten Wirtschaftsdaten wie Kosten und Renditen lassen auch Kündigungen und Beschwerden Rückschlüsse auf die Qualität einer Versicherung zu. Wem die Kunden scharenweise davonlaufen,

Versicherer mit niedriger Stornoquote

Kündigungen und Beitragsfreistellungen in Prozent der mittleren Versicherungssumme 1997 bis 2008			
Hannoversche Leben	1,58	Dialog	3,24
Deutsche Ärzteversicherung	1,64	ASSTEL	3,30
CosmosDirekt	1,72	Debeka	3,32
WGV-Schwäbische	1,82	Allianz	3,50
HUK-COBURG	2,17	Bayern-Versicherung	3,53
Ontos	2,29	Provinzial NordWest	3,58
EUROPA	2,53	DEVK a.G.	3,59
Delta Direkt	2,78	DIREKTE LEBEN	3,61
Familienfürsorge	2,85	R+V	3,71
Süddeutsche	2,92	SV SparkassenVersicherung	3,94

Versicherer mit hoher Stornoquote

Kündigungen und Beitragsfreistellungen in Prozent der mittleren Versicherungssumme 1997 bis 2008			
RheinLand	6,09	Öffentl. Berlin-Brandenburg	6,75
uniVersa	6,15	oeco capital	7,02
Volkswohl Bund	6,18	AachenMünchener	7,12
Basler	6,21	Stuttgarter	7,27
Barmenia	6,27	ARAG	7,39
Hamburg-Mannheimer (jetzt ERGO)	6,52	Deutscher Ring	7,80
Öffentl. Sachsen-Anhalt	6,58	Plus	10,95
Delta Lloyd (früher Berlinische)	6,62	TARGO (früher CiV)	12,40
WWK	6,74	Aspecta	13,97
Nürnberger	6,74	Fortis	14,22
HanseMerkur	6,75		

(Quelle: map-report Nr. 717–718)

Beschwerdestatistik (Beschwerden pro 100.000 Verträge)

Anbieter		Anbieter	
DEVK a.G.	1,17	PB Leben	4,91
RheinLand	1,48	Volksfürsorge	5,00
Dialog	1,48	Bayern-Versicherung	5,02
Sparkassen-Versicherung Sachsen	1,50	uniVersa	5,03
Debeka	1,87	Die Continentale	5,23
Ideal	2,36	Karlsruher	5,24
Europa	2,41	DBV	5,51
DIREKTE LEBEN	2,66	Hamburg-Mannheimer (jetzt ERGO)	5,59
ERGO Direkt (früher KarstadtQuelle)	2,69	Condor	5,95
TARGO (früher CiV)	2,74	Inter	6,56
R+V	2,96	Bayerische Beamten	6,72
Provinzial Hannover	3,08	ALTE LEIPZIGER	6,86
Familienfürsorge	3,10	Münchener Verein	6,96
Provinzial NordWest	3,19	Swiss Life	6,98
Öffentl. Berlin-Brandenburg	3,19	Hannoversche Leben	7,18
LVM	3,20	Skandia	7,24
neue leben	3,21	Basler	7,44
DEVK Allgemeine AG	3,41	Delta Lloyd (früher Berlinische)	7,50
PBV	3,45	Heidelberger	7,56
InterRisk	3,46	ARAG	7,78
WGV-Schwäbische	3,48	Barmenia	7,80
Provinzial Rheinland	3,56	Zurich Deutscher Herold	7,88
Concordia	3,79	Deutscher Ring	7,94
HUK-COBURG	3,96	Nürnberger	8,37
CosmosDirekt	4,01	Generali (alt)	8,53
Ontos	4,01	Deutsche Ärzteversicherung	8,55
Allianz	4,08	Gothaer	8,90
LV von 1871	4,21	HDI-Gerling	9,04
Mecklenburgische	4,22	AXA	9,05
Württembergische	4,30	WWK	9,47
SV SparkassenVersicherung	4,42	PLUS	9,74
AachenMünchener	4,43	Stuttgarter	10,13
Helvetia	4,56	Victoria (jetzt: ERGO)	10,46
VPV	4,62	HanseMerkur	11,37
SIGNAL IDUNA	4,76	ASSTEL	13,88
Volkswohl Bund	4,82	Aspecta	14,70
Familienschutz	4,86	Vorsorge Leben	19,58

(Quelle: BaFin; eigene Berechnung)

der hat sie unter Umständen vor Vertragsschluss falsch beraten und anschließend schlechte Leistungen geliefert. Die Stornoquote liefert hierzu Hinweise. Sie erfasst den jährlichen Anteil von gekündigten und beitragsfrei gestellten Verträgen am Gesamtgeschäft. Laut Branchendienst map-report liegt die Stornoquote im langjährigen Schnitt (1997 bis 2008) branchenweit bei 4,91 Prozent. Versicherer mit sehr wenigen Kündigungen liegen bei 2 Prozent oder darunter. Es gibt jedoch auch bekannte Versicherer mit Stornoquoten von 6 bis 8 Prozent. Die Wahrscheinlichkeit, dass ein Kunde vorzeitig aussteigt, liegt hier also rund viermal höher als bei den Versicherungen mit niedriger Stornoquote.

Einen weiteren Hinweis auf die Kundenzufriedenheit gibt die Beschwerdestatistik der Aufsichtsbehörde BaFin. Zwar gehen dort insgesamt vergleichsweise wenig Beschwerden ein, doch die Unterschiede zwischen den Gesellschaften sind gravierend. Ganz oben in der Tabelle stehen die Gesellschaften mit den im Verhältnis zu ihrer Größe wenigsten Beschwerden. Je weiter unten eine Gesellschaft rangiert, desto mehr Beschwerden musste die Behörde in den Jahren 2004 bis 2008 bearbeiten.

Wer behandelt seine Bestandskunden fair?

Im Kampf um Neukunden greifen viele Versicherer zu einem Trick: Sie deklarieren für jüngere Verträge eine vergleichsweise hohe Verzinsung (oft deutlich über 4 Prozent). Das macht einen guten Eindruck, weil die Presse häufig nur diese Zahlen veröffentlicht. Gleichzeitig geben diese Versicherer ihren Kunden mit älteren Verträgen aber deutlich weniger Zinsen – oft nur noch den Rechnungszins. Unterm Strich ist das für die Versicherer höchst vorteilhaft:

In neuen Verträgen ist erst wenig Deckungskapital vorhanden, das verzinst werden muss. Der hohe Zins „kostet“ also hier vergleichsweise wenig. Bei älteren Verträgen hingegen ist in der Regel schon ein beträchtliches Deckungskapital vorhanden, das schlechter verzinst wird. Den Schaden haben die Altkunden. Der Versicherer profitiert doppelt: Er spart Geld und steht trotzdem im Neugeschäft vergleichsweise gut da.

Mit Zinsdifferenzen von 0,5 Prozentpunkten oder mehr operieren dabei folgende Gesellschaften: AachenMünchener, AXA, Condor, Debeka, GENERALI, Gothaer, HDI- Gerling, Helvetia, neue leben und Stuttgarter. Betroffen sind vor allem Kunden mit einer privaten Rentenversicherung, sehr häufig auch jene mit Riester-Verträgen und bei einigen Gesellschaften auch die Versicherten in der Kapitallebensversicherung (AXA, HDI-Gerling).

Fairer werden Altkunden zum Beispiel bei folgenden Versicherern behandelt: Allianz (Ausnahme: Riester), Barmenia, Die Continentale, DEVK, EUROPA, Hannoversche Leben, HUK-COBURG, SIGNAL IDUNA, Nürnberger, R+V, TARGO (früher CiV). Diese Gesellschaften geben Alt- und Neukunden gleich hohe Zinsen – und die sind oft sogar höher als die „Lockzinsen“ der Gesellschaften, die mit gesplitteten Zinsen operieren.

Eine ganz andere Strategie verfolgen WWK und ALTE LEIPZIGER. Diese beiden Gesellschaften belohnen ihre treuen Altkunden mit einem Zinsaufschlag, egal ob sie eine Privatrente oder eine Kapitallebensversicherung abgeschlossen haben.

Fazit: Viele Versicherer behandeln ihre Kunden auch langfristig fair. Andere setzen allerdings offenbar mehr auf kurzfristige Marketingerfolge.

Geschönte Zinsen

Aufgeschobene Rentenversicherungen mit unterschiedlicher laufender Verzinsung (inkl. Rechnungszins) 2010, abhängig vom Alter der Verträge					
Anbieter	Rechnungszins in Prozent				Max. Abweichung
	2,25[1]	2,75[2]	3,25[3]	4,00[4]	
AachenMünchener	4,20	4,20	3,50	4,00	0,70
AXA	4,30	3,80	3,80	4,30	0,50
Condor	4,30	4,30	3,25	4,00	1,05
Debeka	4,60	4,60	4,10	4,10	0,50
GENERALI	4,00	4,00	3,50	4,00	0,50
Gothaer	4,00	4,00	3,30	4,00	0,70
HDI-Gerling	4,00	3,50	3,50	4,00	0,50
Helvetia	4,10	4,10	3,35	4,00	0,75
neue leben	4,60	4,60	4,10	4,10	0,50
Stuttgarter	4,60	4,60	4,10	4,10	0,50

1) für Verträge ab 2007; 2) für Verträge zwischen 1.1.2004 und 31.12.2006; 3) für Verträge zwischen 1.7.2000 und 31.12.2003; 4) für Verträge zwischen 1.7.1994 und 30.6.2000
(Quelle: Assekurata-Studie zur Überschussbeteiligung 2010; eigene Berechnung)

Zündstoff birgt auch das Thema Verzinsung von Sofortrenten. Wer Sofortrentnern mehr Zinsen gutschreibt als jenen Versicherten, die schon viele Jahre einzahlen, erweckt zumindest den Eindruck, als wolle er mit aller Macht Neugeschäft anlocken – zulasten der Bestandskunden. Denn wer in einer Niedrigzinsphase seinen Kunden noch deutlich über 4 Prozent Zinsen gutschreibt, muss fast zwangsläufig auf die Rückstellung für Beitragsrückerstattung (RfB), die „Spardose" der Lebensversicherer zurückgreifen. In der RfB werden in guten Zeiten die Überschüsse gesammelt, um in schlechten, also zinsschwachen Zeiten die Überschussbeteiligungen hochhalten zu können. Wer den Sofortrentnern mehr Zinsen gutschreibt als Kunden in der oft jahrzehntelangen Aufschubphase, bezahlt dies mit den Ersparnissen der Altkunden. Neukunden profitieren, ohne sich zuvor am Füllen der „Spardose" beteiligt zu haben.

Hohe Sofortrenten

Ausgewählte Anbieter, die 2010 Sofortrentnern mehr Zinsen gutschreiben als Versicherten in der Einzahlphase (laufende Verzinsung, inklusive Rechnungszins, ohne Schlussgewinn)			
Anbieter	Aufgeschobene Renten- und Kapitallebensversicherung	Sofortrente	Differenz in Prozentpunkten
Hamburg-Mannheimer (ERGO)	4,00 %	5,10 %	+ 1,10
WWK	4,00 %	4,96 %	+ 0,96
HDI-Gerling	4,00 %	4,80 %	+ 0,80
Württem-bergische	3,90 %	4,60 %	+ 0,70
PBV Leben	4,50 %	5,10 %	+ 0,60
Bayern-Versicherung	4,15 %	4,70 %	+ 0,55
Stuttgarter	4,60 %	5,10 %	+ 0,50

(Quelle: Assekurata-Studie zur Überschussbeteiligung 2010; eigene Berechnung)

Es gibt auch Anbieter, die gegen den Strom schwimmen und den Sofortrentnern bewusst weniger bieten. Die Begründung lautet, dass man den Neukunden maximal so viel geben könne, wie sich derzeit am Kapitalmarkt erzielen lasse. Schreibe man mehr gut, so ginge dies zulasten der Bestandskunden.

Niedrige Sofortrenten

Ausgewählte Versicherer, die 2010 die Rücklagen ihrer Kunden nicht für das Neugeschäft einsetzen (laufende Verzinsung, inklusive Rechnungszins, ohne Schlussgewinn)			
Anbieter	Aufgeschobene Renten- und Kapitallebensversicherung	Sofortrente	Differenz in Prozentpunkten
EUROPA	4,80 %	3,75 %	– 1,05
Volkswohl Bund	4,75 %	3,75 %	– 1,00
Die Continentale	4,60 %	3,75 %	– 0,85

(Quelle: Assekurata-Studie zur Überschussbeteiligung 2010; eigene Berechnung)

Kosmetik zulasten der Altversicherten!

„Wenn Versicherungen Sofortrenten in Niedrigzinsphasen genauso hoch oder gar höher verzinsen als aufgeschobene Renten, dann liegt der Grund wahrscheinlich in einer Art Bilanzkosmetik", vermutet Axel Kleinlein, Versicherungsmathematiker. „Damit soll schnell Neugeschäft hereingeholt werden, um die Zahlen ‚aufzuhübschen'. Das Schlimme daran ist, dass die deklarierten hohen Zinsen am Kapitalmarkt für die hereingeholte Summe eigentlich gar nicht verdient werden. Das Unternehmen kann das eigentlich nur, indem es sich aus den Rücklagen bedient. Im Klartext heißt das, dass das Vermögen der Altversicherten missbraucht wird, damit der Vorstand mit Neugeschäft glänzen kann."

Wer zahlt Ihnen Ihr Kapital zurück?

Grundsätzlich zahlt eine private Rentenversicherung bis zum Tod des Versicherten. Nicht aufgebrauchtes Kapital fällt an die Versichertengemeinschaft. Auch Rentengarantiezeiten sichern das im Vertrag steckende Kapital für die Hinterbliebenen nicht vollständig. Und was ist, wenn Sie selbst nach Beginn der Rentenphase feststellen, dass Ihnen die Auszahlung Ihres gesamten Vermögens auf einen Schlag doch lieber wäre? Eine Reihe von Versicherungen bietet für diesen Fall die Option „Kapitalschutz im Todesfall". Diese muss spätestens zu Rentenbeginn gewählt werden. Der Clou dabei ist, dass Sie diese Option auch zu Lebzeiten nutzen und sich die Todesfallsumme aus dem Vertrag auszahlen lassen können. Der Versicherer zahlt dann in der Regel die Summe aus, die zu Beginn der Rentenphase bereit stand, abzüglich der bereits erhaltenen Garantierenten.

Diese Gesellschaften bieten eine Kapitalabfindung in der Rentenphase

Anbieter	Sofortrente	Aufgeschobene Rente
Allianz	Ja	Ja
ALTE LEIPZIGER	Ja	Ja
AXA	Ja	Ja
Debeka	Nein	Ja
GENERALI	Ja	Ja
HanseMerkur	Ja	Ja
neue leben	Ja	Ja
R+V	Ja	Nein
SIGNAL IDUNA	Ja	Nein
Swiss Life	Ja	Nein
Volkswohl Bund	Ja	Ja
Württembergische	Ja	Nein

Das Kriterium gilt als erfüllt, wenn die Kapitalabfindung ohne Wartezeit und Abschläge erfolgt (lediglich die bereits ausgezahlten Garantierenten werden abgezogen). Es reicht nicht, wenn ein Versicherer lediglich ein Kapitalwahlrecht in Höhe der zuvor eingezahlten Beiträge oder der noch ausstehenden Zahlungen bis zum Ende der Rentengarantiezeit gewährt.
(Quelle: eigene Umfrage unter den 60 größten deutschen Lebensversicherern)

Fazit: Wer auch in der Rentenphase noch das Recht auf eine vollständige Kapitalentnahme haben will, muss sich zu Rentenbeginn für die Option „Kapitalschutz im Todesfall“ entscheiden. Die garantierte Rente fällt dann jedoch etwas niedriger aus.

Wie aussagekräftig sind Ratings?

Wer auf die Eigenwerbung einer Versicherung schaut, dem strahlen sie entgegen: die Siegel der Ratingagenturen. Dabei gibt es scheinbar nur top bewertete Produkte. Das liegt schlicht und ergreifend daran, dass sich ohne Prüfsiegel offenbar kein Produkt mehr verkaufen lässt. Gleichzeitig leben auch die Ratingagenturen gut davon. Die sogenannten interaktiven Ratings von A.M. Best, Assekurata, Fitch, Moody's oder Standard & Poor's werden von den Versicherungen bezahlt und dürfen nur mit deren Zustimmung veröffentlicht werden. Von schlechten Urteilen erfährt der Verbraucher deshalb in der Regel nichts. Allzu harte Urteile sind ohnehin kaum zu erwarten. Die Gefahr, dass in einem solchen Fall der Versicherer den Folgeauftrag entzieht, ist hoch.

Neuerdings werben Versicherer sogar mit dem Prädikat „TÜV-geprüft". Tatsächlich mischen die Technischen Überwachungsvereine kräftig mit im lukrativen Geschäft mit den „Prüfsiegeln". Der Nutzen für den Verbraucher ist aber wohl eher gering, denn die bei den Bürgern mit hohem Vertrauensvorschuss ausgestatteten TÜVs beschäftigen sich gar nicht mit der Produktqualität oder der wirtschaftlichen Leistungsfähigkeit der Versicherer. Getestet werden – wie im Januar 2010 die Studie „TÜV-geprüfte Finanzberatung" des Finanzmathematikers Werner Siepe darlegte – vielmehr nur „weiche" Kriterien wie etwa die Freundlichkeit der Vermittler.

! Achtung!

Lassen Sie sich nicht von den Siegeln der Ratingagenturen blenden. Sonst geht es Ihnen wie vielen Kunden der Victoria-Versicherung, die noch im Krisenjahr 2002 mit der Bestnote „AAA" (für extrem starke Finanzkraft) der Agentur Standard & Poor's warb. Schon im Jahr 2003 stürzte die Nettorendite laut map-report von 5,2 auf 2,7 Prozent und die Überschussbeteiligung wurde drastisch gekürzt. In der Folge erhielten viele Kunden nur noch den staatlich festgelegten Rechnungszins (siehe „Verkalkuliert", Seite 33).

Adressen

Beratung und Analyse

Versicherungsberatung

Bundesverband der Versicherungberater e. V. (BVVB)
Rheinweg 24
53113 Bonn
Telefon: 02 28/387 29 29
Telefax: 02 28/387 29 31
info@bvvb.de
www.rbvvb.de

Bundesverband Deutscher Rechtsbeistände/ Rechtsdienstleister e.V.
Rheinweg 24
53113 Bonn
Telefon: 02 28/92 39 91 20
Telefax: 02 28/92 39 91 26
bdr@rechtsbeistand.de
www.rechtsbeistand.de

Arbeitsgemeinschaft unabhängiger Versicherungsmakler (AUV)
Ludenberger Str. 14
40699 Erkrath
Telefon: 02 11/900 83 52
Telefax: 02 11/900 84 14
info@auv.de
www.auv.de

Verband Deutscher Versicherungsmakler e.V.
Cremon 33/34
20457 Hamburg
Telefon: 0 40/369 82 00
Telefax: 0 40/36 98 20 22
vdvm@vdvm.de
www.vdvm.de

Bund der Versicherten e.V. (BdV)
Postfach 1153
24547 Henstedt-Ulzburg
Telefon: 0 41 93/9 42 22
Telefax: 0 41 93/9 42 21
info@bundderversicherten.de
www.bundderversicherten.de
(nur für Mitglieder)

In Beschwerdefällen

Versicherungsombudsmann e.V.
Postfach 080632
10006 Berlin
Telefon: 0 18 04/22 44 24
Telefax: 0 18 04/22 44 25
beschwerde@versicherungsombudsmann.de
www.versicherungsombudsmann.de

Bundesanstalt für Finanzdienstleistungsaufsicht (BaFin)
Graurheindorfer Straße 108
53117 Bonn
Telefon: 02 28/4 10 80
Telefax: 02 28/41 08 15 50
poststelle@bafin.de
www.bafin.de

Unabhängige Finanzmathematiker

math concepts – Dipl. Math. Axel Kleinlein
Oranienstraße 6
10997 Berlin
Telefon: 0 30/61 07 23 10
Telefax: 0 30/61 07 23 11
a.kleinlein@mathconcepts.de
www.mathconcepts.de

Dipl.-Math. Peter Schramm
Aktuar DAV
Sachverständiger für Versicherungsmathematik
Am Rauschenberg 7
56355 Diethardt
Telefon: 0 67 72/96 25 68
Telefax: 0 67 72/96 25 69
peter.schramm.aktuar@t-online.de
www.pkv-gutachter.de

Verbraucher allgemein

Verbraucherzentrale Bundesverband e.V.
Markgrafenstraße 66
10969 Berlin
Telefon: 030/2 58 00-0
Telefax: 030/2 58 00-218
www.vzbv.de

Stiftung Warentest
Postfach 30 41 41
10724 Berlin
Telefon: 030/26 31-0
Telefax: 030/26 31 27 27
www.test.de

Verbraucherzentralen

Verbraucherzentrale Baden-Württemberg e.V.
Paulinenstraße 47
70178 Stuttgart
Telefon: 07 11/66 91-10
Telefax: 07 11/66 91-50
www.verbraucherzentrale-bawue.de

Verbraucherzentrale Bayern e.V.
Mozartstraße 9
80336 München
Telefon: 089/5 39 87-0
Telefax: 089/53 75 53
www.verbraucherzentrale-bayern.de

Verbraucherzentrale Berlin e.V.
Hardenbergplatz 2
10623 Berlin
Telefon: 030/2 14 85-0
Telefax: 030/2 11 72 01
www.verbraucherzentrale-berlin.de

Verbraucherzentrale Brandenburg e.V.
Templiner Straße 21
14473 Potsdam
Telefon: 03 31/2 98 71-0
Telefax: 03 31/2 98 71-77
www.vzb.de

Verbraucherzentrale des Landes Bremen e.V.
Altenweg 4
28195 Bremen
Telefon: 04 21/1 60 77-7
Telefax: 04 21/1 60 77-80
www.verbraucherzentrale-bremen.de

Verbraucherzentrale Hamburg e.V.
Kirchenallee 22
20099 Hamburg
Telefon: 040/2 48 32-0
Telefax: 040/2 48 32-290
www.vzhh.de

Verbraucherzentrale Hessen e.V.
Große Friedberger Straße 13–17
60313 Frankfurt/Main
Telefon: 069/97 20 10-0
Telefax: 069/97 20 10-50
www.verbraucher.de

Neue Verbraucherzentrale in Mecklenburg und Vorpommern e.V.
Strandstraße 98
18055 Rostock
Telefon: 03 81/2 08 70 50
Telefax: 03 81/2 08 70 30
www.nvzmv.de

Verbraucherzentrale Niedersachsen e.V.
Herrenstraße 14
30159 Hannover
Telefon: 05 11/9 11 96-0
Telefax: 05 11/9 11 96-10
www.vzniedersachsen.de

Verbraucherzentrale Nordrhein-Westfalen e.V.
Mintropstraße 27
40215 Düsseldorf
Telefon: 02 11/38 09-0
Telefax: 02 11/38 09-172
www.vz-nrw.de

Verbraucherzentrale Rheinland-Pfalz e.V.
Seppel-Glückert-Passage 10
55116 Mainz
Telefon: 0 61 31/28 48-0
Telefax: 0 61 31/28 48-66
www.vz-rlp.de

Verbraucherzentrale des Saarlandes e.V.
Trierer Straße 22
66111 Saarbrücken
Telefon: 06 81/5 88 09-0
Telefax: 06 81/5 88 09-22
www.vz-saar.de

Verbraucherzentrale Sachsen e.V.
Brühl 34–38
04109 Leipzig
Telefon: 03 41/69 62 90
Telefax: 03 41/6 89 28 26
www.vzs.de

Verbraucherzentrale Sachsen-Anhalt e.V.
Steinbockgasse 1
06108 Halle
Telefon: 03 45/2 98 03-29
Telefax: 03 45/2 98 03-26
www.vzsa.de

Verbraucherzentrale Schleswig-Holstein e.V.
Andreas-Gayk-Straße 15
24103 Kiel
Telefon: 04 31/5 90 99-0
Telefax: 04 31/5 90 99-77
www.verbraucherzentrale-sh.de

Verbraucherzentrale Thüringen e.V.
Eugen-Richter-Straße 45
99085 Erfurt
Telefon: 03 61/5 55 14-0
Telefax: 03 61/5 55 14-40
www.vzth.de

Stichwortverzeichnis

Impressum

Herausgeber

Verbraucherzentrale Nordrhein-Westfalen e.V.
Mintropstraße 27, 40215 Düsseldorf
Telefon: 02 11/38 09-555, Telefax: 02 11/38 09-235
publikationen@vz-nrw.de
www.vz-nrw.de

Mitherausgeber

Verbraucherzentrale Bundesverband e.V.
Markgrafenstraße 66, 10969 Berlin
Telefon: 0 30/2 58 00-0, Telefax: 0 30/2 58 00-2 18
www.vzbv.de

Verbraucherzentrale Baden-Württemberg e.V.
Paulinenstraße 47, 70178 Stuttgart
Telefon: 07 11/66 91-10, Telefax: 07 11/66 91-50
www.verbraucherzentrale-bawue.de

Verbraucherzentrale Hamburg e.V.
Kirchenallee 22, 20099 Hamburg
Telefon: 0 40/2 48 32-0, Telefax: 0 40/2 48 32-2 90
www.vzhh.de

Verbraucherzentrale Niedersachsen e.V.
Herrenstraße 14, 30159 Hannover
Telefon: 05 11/9 11 96-0, Telefax: 05 11/9 11 96-10
www.vzniedersachsen.de

Text	Holger Balodis, Dagmar Hühne, Köln
Fachliche Betreuung	Lars Gatschke, Elke Weidenbach
Lektorat	Mendlewitsch + Meiser, Düsseldorf
Koordination	Wolfgang Starke
Layout und Produktion	Ute Lübbeke, www.LNT-design.de
Titelbild	plainpicture
Druck	AALEXX Buchproduktion GmbH, Großburgwedel Gedruckt auf 100 % Recyclingpapier

Redaktionsschluss: 10. Mai 2010

Unser Plus für Sie!

Noch Fragen?
Die Beratung der Verbraucherzentralen

Hoffentlich haben Ihnen die Informationen in diesem Ratgeber weitergeholfen. Wenn Sie noch Fragen haben ... Die Expertinnen und Experten der Verbraucherzentrale beraten Sie individuell, kompetent und unabhängig:

- in Ihrer Beratungsstelle vor Ort,
- am Telefon oder
- im Internet

Wir beraten zum Beispiel zu:

- Banken und Geldanlagen
- Baufinanzierung
- Energie
- Ernährung
- Haushalt, Freizeit, Telekommunikation
- Kreditrecht, Schuldner- und Insolvenzverfahren
- Patientenrechte und Gesundheitsdienstleistungen
- Reiserecht
- Versicherungen

www.

Unter www.verbraucherzentrale.de finden Sie das vollständige Beratungsangebot in Ihrem Bundesland.

Oder Sie nehmen direkt Kontakt mit Ihrer Verbraucherzentrale auf: Die Adressen finden Sie auf Seite 169 f.

Nutzen Sie unser Beratungsangebot und treffen Sie mit unserer Unterstützung die richtigen Entscheidungen. Wir sind für Sie da!

Geldanlage ganz konkret |1|

Was sind die besten Anlageformen für Ihre kleineren und größeren Ersparnisse? Welche Produkte eignen sich für Ihren kurz- oder langfristigen Bedarf? Und vor allem: Welche Fragen müssen Sie Ihrer Bank stellen, damit Sie zum Ziel kommen? Das sind die Themen dieses Grundlagenwerks.

1. Auflage 2009; 256 Seiten; 9,90 €

Vorsorge selbstbestimmt |2|

Wer sichergehen will, dass im Fall der Fälle Entscheidungen im eigenen Sinn getroffen werden, sollte für seine Angehörigen wichtige Informationen wie persönliche Daten, Patientenverfügung, Angaben zum Erbvertrag usw. bereithalten. Das Vorsorgehandbuch bietet verlässliche Informationen, erprobte Formulare, Muster und Checklisten.

2. Auflage 2010; 208 Seiten; inkl. CD-ROM; 14,90 €

Die Riester-Rente |3|

Der Ruf der Riester-Rente ist gut! Hier erfahren Sie, wie die staatlich geförderte private Altersvorsorge funktioniert und welche Riester-Produkte es gibt – mit einem Vergleich privater und betrieblicher Vorsorgeprodukte. So finden Sie den richtigen Vertrag.

2. Auflage 2009; 128 Seiten; 7,90 €

Altersvorsorge richtig planen |4|

Mit vermeintlich lukrativen Angeboten zur Altersvorsorge locken Banken, Anlageberater, Versicherungen und Immobilienverkäufer und die Verunsicherung ist größer denn je. Dieses Einmaleins der Altersvorsorge bietet unabhängigen, profunden Rat. Für alle, die ihre Finanzen im Alter auf sichere Füße stellen wollen.

1. Auflage 2010; 272 Seiten; 12,90 €

Ihr Weg zum Wohneigentum |5|

Wer den Traum vom Wohneigentum realisieren möchte, braucht einen guten Wegweiser und sichere Entscheidungshilfen: Haus oder Wohnung? Bauen oder kaufen? Der Ratgeber gibt hierzu wichtige Orientierungshilfen und begleitet den Leser Schritt für Schritt vom Ansparen des Eigenkapitals bis zum erfolgreichen Abschluss der Verträge.

4. Auflage 2010; 224 Seiten; 9,90 €

Patientenverfügung |6|

Wer soll in Ihrem Namen Entscheidungen treffen, wenn Sie dies wegen Unfall, Krankheit oder Alter selbst nicht mehr können? Welche medizinische Behandlung wünschen Sie in solchen Fällen? Unser Bestseller informiert über bestehende Vorsorgemöglichkeiten – praktisch und verständlich: mit Mustertexten, Formulierungshilfen und Checklisten. Auf der Grundlage der aktuellen Rechtsprechung.

12. Auflage 2009; 136 Seiten; 7,90 €

Betriebliche Altersvorsorge |7|

Der Betriebsrente kommt eine wichtige Rolle zu – neben der gesetzlichen Rente, den staatlich geförderten Riester- und Rürup-Verträgen sowie der zusätzlichen privaten Altersvorsorge. Dieser Ratgeber informiert übersichtlich und kompakt über die grundsätzlichen Möglichkeiten der betrieblichen Rente, über die Entgeltumwandlung und die neuen Förderungsregeln.

2. Auflage 2007; 224 Seiten; 9,90 €